部下の「本気」を引き出す
外資流マネジメントの教科書

世界標準のフィードバック

安田雅彦

SB Creative

はじめに

いま日本企業でマネジメントを担当しているビジネスパーソンの皆さんには、かつて誰も経験してこなかったほど、多様かつ多面的な対応が求められています。

どんなに気を遣って働きかけても、全く予想のつかない反応をするZ世代。
何の仕事をしているのか誰も知らない、もうすぐ定年を迎える年上の部下。
現状を相談しても、「悪いようにはしないから」と、課題に向きあわない上司。
考え方や感情表現の仕方が違いすぎて戸惑う、多様なメンバー。

スタッフメンバーを率いてプロジェクトをまとめ、担当チームの課題を遂行するリーダーに選ばれ、そのマネジメントを担うのは、本来ならば誇らしいことであり、自らの成長にもつながる絶好の機会なのに、誰が言い出したのか、管理職は「罰ゲーム」とさえ言われるようになりました。

これらの問題は、外資系企業の「フィードバック」の仕方を知り、身に付けることによって解決します。

私は複数の外資系企業で、20年以上人事の仕事に携わった経験を生かし、さまざまな企業のコンサルティングをおこなってきました。

「外資系企業の人事」と聞くと、多くの方は「すぐにクビを切られる」とか、「システマティックで厳しそう」というイメージを抱くかもしれません。

実際、一部は当てはまる面もあります。

しかし、日本企業ともっとも違うのは、そういった表面的な印象ではなく、人事において「フィードバック」という行為が定着していることです。

ビジネス場面における「フィードバック」とは、対象者の行動やその結果に対する評価を伝え、成長や改善を促すことです。

外資系企業では、仕事上のあらゆる場面でフィードバックがおこなわれています。それは習慣、あるいは文化と言ってもいいかもしれません。

本書では、グッチグループ、ジョンソン・エンド・ジョンソン、アストラゼネカ、ラッシュジャパンと、外資系企業の人事に携わってきたこれまでの経験をもとに、外資系におけるフィードバックの考え方から実践法まで、全てをお伝えしていきます。

プロローグ「世界標準のフィードバックとは何か」では、日本企業がもつフィードバックに対する誤解を解き、真のフィードバックの定義とその重要性、そして効果的なフィードバックの三要素「ＥＥＣ」と、その3ステップについて解説しています。

チャプター1「部下を伸ばすフィードバック」では、1on1ミーティングや評価面接など、部下個人への効果的なフィードバックの手法を、タイプ別の事例を交えて紹介します。

チャプター2「チームを導くフィードバック」では、チーム全体の成長を促すAARや360度フィードバックといった手法を解説します。

チャプター3「シーン別『世界標準のフィードバック』実践編」では、ローパフォーマー、部下同士のトラブル、ポジション異動といった難しい場面での実践的な対応策を提示していきます。

チャプター4「部下に信頼されるマネジャーの思考法」では、信頼関係の構築、キャリア支援、企業理念の浸透などの各場面において、部下に信頼されるマネジャーの思考法を明らかにします。

そして**チャプター5「フィードバックで日本のビジネスは変わる」**では、日本のマネジメントの課題を分析し、フィードバックによって組織、ひいては日本経済が変わる可能性を提示します。

従来の日本型・昭和型のマネジメントから脱却し、新しい日本社会を自らが動かしている手応えがもてる。日々の仕事によって、自分が成長していると実感でき、仕事へのエンゲージメント（仕事に対して自ら貢献しようという意欲をもち、主体的に取り組んでいる状態）を深め、熱量を込めた仕事ができる。

そんな願いを込めて、外資系人事で培った、「世界標準のフィードバック」の全てをお届けします。

自分自身のマネジメントをふり返り、今後の仕事人生の指針を立ててもらえれば幸いです。

Prologue

目次

CONTENTS

Chapter 1

部下を伸ばすフィードバック

Chapter 2

チームを導くフィードバック

Chapter 3

シーン別「世界標準のフィードバック」実践編

Chapter 4

部下に信頼されるマネジャーの思考法

Chapter 5

フィードバックで日本のビジネスは変わる

Prologue

世界標準のフィードバックとは何か

What is World-Class Feedback?

とある企業の衝撃的な人事評価

「部長、この評価は本気ですか？」

とある日本企業の評価会議の現場に臨んでいた私は、部長とのプレゼンテーション中に思わず声を上げていました。

目の前には、彼の部下である課長の人事評価シートが置かれています。

それは5段階評価で「A」という高評価。

理由欄には、

「1年間で部下の半数が離職する中、自身の営業活動で損失の穴を埋め、売上目標を達成した」

と記されていました。

部下の大量離職という危機的状況を、課長個人の奮闘で数字的に取り繕ったわけでですが、1年間で部下が半分辞めるなんて、課長のマネジメントに問題があったからだと断言できます。グローバルカンパニーなら、「来年、同じことが起きたら役職を外すぞ」と強く指導されます。

しかし、この企業ではそれどころか、最高評価を与えてしまっている……。

これこそが、日本企業のマネジメントが直面している本質的な課題を象徴する出来事だと私は嘆息しました。

部下の大量離職を招いたこの課長は、はたして部下たちに対して適切なフィードバックをおこなっていたのでしょうか？　離職の予兆に気付いていたのでしょうか？

そして、そんな課長のマネジメントの問題に対して、部長はどのようなフィードバックをおこなってきたのでしょうか？　課長が部下マネジメントできるよう環境を整えていたのでしょうか？

答えは明白です。フィードバックは、ほとんどおこなわれていなかったはずです。

私は20年以上、外資系企業の人事部門で数多くのマネジメントに立ち会ってきました。その経験から言えることは、日本企業の多くは「フィードバック」の意味を根本的に誤解している、または全く実践していない、ということです。

多くの日本企業では、フィードバックを「年に1、2回の評価面接で、上司が一方的に部下の評価を伝える機会」だと捉えています。客観性・公平・公正の言葉にとらわれ、複雑になってしまった制度のロジックを理解できないまま、まるで通信簿を渡すように、数値や等級だけを伝えて終わり。

これでは、部下の成長どころか、モチベーションの低下や離職を招くのも当然です。

特に近年、価値観や働き方が多様化し、Z世代が入社してくる中で、この「昭和型フィードバック」は明らかに通用しなくなってきています。

「上司の背中を見て学べ」「指示される前に空気を読め」「若いうちは辛抱が大事だ」……。

マネジメントの根幹であるフィードバックを、こうした精神論や暗黙の了解で済ませる時代は、完全に終わりを迎えています。

では、真のフィードバックとは何か？　どうすれば部下の離職を防ぎ、部下に成長実感を与えるとともに「本気」を引き出し、組織全体の成長につなげることができるのか？

本書では、私がGUCCIやジョンソン・エンド・ジョンソン（以下J&J）、LUSHといったグローバル企業で実践してきた「世界標準のフィードバック」について、具体的な方法論とともにお伝えしていきます。

フィードバックはマネジャーの最大の仕事

私が人事コンサルタントとしてさまざまな企業を支援する中で、マネジャーたちから必ずと言っていいほど相談される悩みが「せっかく育て上げた部下が突然辞めてしまう」というものです。

では、なぜ部下たちは組織に失望し、離職していくのでしょうか？

私が今まで多くの会社でエンゲージメントサーベイ（従業員満足度調査）をおこなってきてわかった「社員の不満が多い3項目」とは、

①給与の不満
②経営ビジョンが見えず不信感
③成長実感がなく、キャリアが見えない

です。

①の多くは人事制度の問題であり、②は経営側のコミュニケーションに難がある。そう考えるとマネジャー一人だけで、これらをすぐに解消するのは難しいでしょう。

とすれば、マネジャーが部下のためにすべき最優先の仕事のひとつは、③の、

「部下に成長実感をもたらすこと」

となります。

そのために、フィードバックが必要なのです。

フィードバックの基本概念とは、

『『期待されているあなた』と『実際のあなた』のギャップを示し、このギャップを埋めていくことを成長の機会として捉えさせること」

です。


昨日よりも今日、今日よりも明日、できることが増えていくという手応えを「成長実感」とするならば、もっともそれを感じる瞬間は、上司や、周りの人からのフィードバックを受けたときに他なりません。

自分自身の経験をふり返ってみてください。

「あのときは本当に学びになったな」

「あの仕事が自分の転機になったな」

と、過去のキャリアを思い返していくと、その根底には
「あのとき○○さんがこう言ってくれたんだった」

「最後に言われた一言は印象深かった」

という、フィードバックの断片が浮かんでくるはずです。

上司や同僚からの言葉。顧客に言われたこと。結果が出たとき、あるいは出なかったときに受けた評価。このような「期待されている行動と実際の行為のギャップ」を知ることがフィードバックであり、それ以上に成長実感を得る機会はないと私は思っています。

フィードバックによって、会社から期待されている姿と実際の姿の間のギャップを埋められることは、自分がなりたい職業人の実現に一歩近づくことにもなります。

それが、部下の心に火をつけるのです。

「ここができるようになれば、将来どこに行っても通用できるビジネスパーソンになれる」「今度やるプロジェクトをうまくやれば、グローバルセンスが身に付くから

やったほうがいい」など、仕事で得られる能力や経験、知識は、単に部下の社内での昇進や評価のためというよりも、長い目で見たとき、職業人としての部下のありように必ずプラスになります。

そうして部下一人ひとりの会社・組織・チームへのエンゲージメントが高まり、パフォーマンスが発揮され、それが集まることにより、結果として組織の中に中長期的に成長する土台がつくられるのです。

基本的に、世の中で安定的に成長している会社には、フィードバックの仕組みと、それを実践する文化が根付いています。

2001年に初めて外資系企業に足を踏み入れて以来、およそ20年を過ごしましたが、フィードバックに力を入れていない企業は、一社もありませんでした。

日本のマネジャーが陥りがちなフィードバックに対する誤認識

「フィードバック」という言葉を聞いて、あなたは何を思い浮かべますか？

多くの日本企業のマネジャーたちと話をしていると、フィードバックに対する根本的な誤解や不安を抱えていることに気付きます。それは、長年培われてきた日本的なマネジメントの習慣や、近年の「ハラスメント」への過度な警戒感が生み出した、歪んだ認識とも言えます。

その1　フィードバック＝評価という思い込み

フィードバックとは、評価面接のときにだけおこなうものではありません。日常的に習慣としておこなうべきものです。

なぜこの評価になったのかを延々と説明するだけでは、中長期的視点から部下の育成を図ることは不可能です。

「会社はこの仕事で、あなたに高いコミュニケーション力で九州エリア全域をまとめてほしいと期待しているよ。今は中九州エリアはうまくいっているようだけれど、北九州は少し課題があるようだね」「ブラッシュアップが必要だけど、今年度はもう少し数値的な分析を加えたいと考えているんだ」など、強みと伸びしろを織り交ぜながら現状と期待を具体的に明示することが、フィードバックの基本です。

その2　フィードバック＝パワハラという誤解

マネジャーの抱える大きな不安のひとつが「フィードバックをパワハラだと言われたらどうしよう」ということだと思います。

「改善してほしいことがあるけれど、それを言って辞められたら怖い。仕事がまわらなくなったら大変だ」

こうして、言葉を呑み込んでいる多くのマネジャーを目にします。

「自分が言うと角が立つから」

「自主性に任せたい」

「今は多様性の時代だから」

このようなフレーズもよく聞かれます。

しかし、そもそもきちんとしたフィードバックとは、決して部下を萎縮させたり不快な気分にさせたりすることを意図するようなものではなく、ましてや上司の溜飲を下げるようなものであってはなりません。

そもそもパワーハラスメントとはどういう状態なのか、その定義をふり返ってみましょう。

厚生労働省が定めるパワーハラスメントの定義とは、

①優越的な関係に基づいて（優位性を背景に）

パワハラの6類型

パワハラの6類型	例
身体的な攻撃	上司が部下に対して、殴打、足蹴りをする
精神的な攻撃	上司が部下に対して、人格を否定するような発言をする
人間関係からの切り離し	自身の意に沿わない社員に対して、仕事を外し、長期間にわたり、別室に隔離したり、自宅研修させたりする
過大な要求	上司が部下に対して、長期間にわたる、肉体的苦痛を伴う過酷な環境下での勤務に直接関係のない作業を命ずる
過小な要求	上司が管理職である部下を退職させるため、誰でも遂行可能な受付業務を行わせる
個の侵害	思想・信条を理由とし、集団で同僚1人に対して、職場内外で継続的に監視したり、他の従業員に接触しないよう働きかけたり、私物の写真撮影をしたりする

※雇用環境・均等局「パワーハラスメントの定義について」(2018年10月)の表を一部改変

②業務の適正な範囲を超えて
③身体的若しくは精神的な苦痛を与えること、又は就業環境を害すること

とされています。

あなたが部下に対しておこなうフィードバックの場面を思い浮かべてください。相手の成長と改善を期待して、誠意と敬意をもって率直に言うことは、これらに当てはまるでしょうか。

何かあればすぐに、やれパワハラだなんだと騒ぐことと、労務上パワハラだと認定される事例とは、全く別の話だと理

解できるはずです。

ですが、日ごろのコミュニケーションの質に気を配ることもなく、口を開けば仕事の話しかしなかったり、注意・叱責ばかりだったりするのなら、フィードバックを「お荷物」や「お説教」だと思われても仕方ないでしょう。

パワハラを理由にするのは、ふだんのコミュニケーション不足が招く自信のなさを昨今の風潮にすり替え、本来上司がやるべきことから逃げているだけではないでしょうか。

その3 フィードバック＝「背中を見て学べ」という勘違い

一昔前までよく言われていて、今も残る風潮に、「仕事は習うものではなく、慣れるもの」という考え方があります。

徒弟制度によって成り立っていた職人の世界や伝統芸能の分野では確かにそうかもしれません。ですが、このやり方はとうに通用しなくなっています。第一、大変非効率で不確実です。

フィードバックができる場面と機会は、日常の仕事の中に豊富にあります。繰り返しになりますが、評価面接だけがフィードバックの機会ではありません。

「自分の背中を見て学べ」と一年間黙ってきて、いざフタを開けたとき「いろいろがんばったようだけれど、もう少し事業部の仕事に踏み込んでほしかった」と言っても、部下は「今日までそんなこと全然言わなかったじゃないですか」と失望し、反発するでしょう。

部下に対して人事評価の結果をサプライズ（思いがけないもの）にしないのは、マネジメントの鉄則。それが起こるのは、部下と上司の日ごろのコミュニケーションが不足しており、評価結果に対する認識が大きくずれているときです。

期待値と実際のギャップは、毎日の仕事の中で、上司は当然わかっていなければいけないはずです。「言わなくてもわかるだろう」ではなく、「本人が自分で気付くことが大事」でもなく、言わないと通じない。こまめなフィードバックが必要なのです。

ましてやジェネレーション・ギャップによる相互の受け止め方の食い違いや、多様な働き方によるコミュニケーションの変化が課題になっている現在、このようなやり方で部下との信頼関係をつくることは、かなり無理筋と言えます。

フィードバックとは成長実感の源、源泉です。無言であることは、部下の成長機会を奪っていることであると意識すべきです。

今の日本企業においてフィードバックの場が足りていないのは、異なる意見のぶつかり合いを避けたがる傾向が強いからでもあると思います。自分も相手にとって嫌なことを言いたくないし、相手からのネガティブ・フィードバックも、できれば受けたくない。

日本は、ものごとを議論して決めていくというより、年功や職位などの属性によって意思決定が舵取りされていく構造となっています。だからそもそも、ディスカッションにあまり慣れていないのです。

子どもを育てることひとつにも、「褒めて伸ばしたほうがいい」「いや、叱ったほうがいい」などという繊細な議論をする国は、一体他に存在するのだろうかと思います。

フィードバックの根本的な定義

これらの誤認識を解消するためには、まず「フィードバック」という言葉の本質的な意味を理解する必要があります。評価でもなく、パワハラでもない——フィードバックとは、本来どのような意味をもつものなのでしょうか。

フィードバック（feedback）という単語は、英語の feed（与える、供給する）と back（後ろ、戻る）の二つから成り立っています。これらが組み合わさって、「与えられたことを戻す」というニュアンスの言葉として幅広く使われています。ビジネスの場面では、「成長や改善のために与えられる意見や提案」、という意味合いになります。

feedには「食べ物を与える」という意味もあります。そこからも、フィードバックを送る側は、相手の成長のうえで糧になるものを意識して提供し、受け取る側はそれを自分の成長のきっかけにするという関係性が成り立っているとわかります。

フィードバックを送る際は、多少言いづらいことでも、相手の成長と改善を期待して、誠意と敬意をもって率直に伝えます。

外資系企業では「このフィードバックは、あなたの成長機会につながるギフトである」という言い方をします。

ギフトを受け取った側は、自らが思う自分の姿と、他者から見た自分の姿の間のギャップに気付きます。そして、ギャップを埋めていくことで、自分が成長していくことができるのです。

効果的なフィードバックの三要素「EEC」

フィードバックが単なるお小言や叱責と異なるのは、フィードバックをフィードバックたらしめる構造があるからです。

効果的なフィードバックには、

①事実（Example）
②及ぼす効果・影響（Effect）
③褒める・変更の提案（Congrats・Change）

の三要素が必ず含まれています。この構造をEECと呼びます。

たとえば、マネジャーがある日の「職場改善レポート」の件を部下にフィードバックしたいときは、この三要素を入れて伝えます。

ポジティブなフィードバックを伝えるときの例：

「先日のレポートは、

①伝えたい内容がうまくまとまっていて（Example）、

②スタッフのみんなも課題がクリアに理解できていた（Effect）ようです。

③素晴らしいですね。次回もあのスタイルでお願いします（Congrats）」

ネガティブなフィードバックを伝えるときの例：

「先日のレポートは、

①スライドだけの説明だったために（Example）、

②スタッフのみんなが正確に理解できていなくて、少し混乱していた（Effect）ようです。

③次回からは、資料を準備してはどうでしょうか（Change)」

文章にしてみれば、「ごく当たり前のことじゃないか」と感じますが、実場面だと

「スライドだけだったから、みんなわかってないみたいだぞ」
→③変更の提案が抜けていて、どう改善すればいいのかがわからない

とか、

「次からは資料配って」
→①事実と②及ぼす効果・影響が抜けていて、理由の説明が不十分

など、三要素が抜けてしまうことが多いのです。また、このフィードバックでは「はい・すみません」と返すだけになり、根本的な行動変容につながりにくいです。

「①あなたはこういうことをした。②それはこういう効果や影響があった。③次は、**あなたがもっと良い成果を出すために、**こういうことを試みてはどうだろうか」

このようにＥＥＣの構造を意識した伝え方ができて初めて、部下の成長機会に寄与するフィードバックが成立する。このことを知ってください。

フィードバックの３ステップ

フィードバックを成長を育む「枠組み」と捉え、これを時間軸で見たときには、次の３ステップになります。

①信頼関係を構築する
②期待される役割と現状を整理する

③アクションプランを策定し、ふり返る

それぞれについて説明します。

①信頼関係を構築する

フィードバックの効果を最大限にするためには、部下との信頼関係がしっかりとできていることが必須です。新しく、チームのマネジャーに就任した状況を想像してみてください。

これにはまず、徹底して「**現場を知る**」ことが欠かせません。その企業、組織におけるビジネスのリアルな現状を知ることは、自分がかかわる全ての利害関係者（ステークホルダー）の信用を得るうえで大切だからです。

「ビジネスのリアルを知る」ことの目的は二つあります。

ひとつは、そこにいる「人間を知る」こと。

自分がかかわるビジネスではどういう人が重宝されるのか、このビジネスの本質とは何か。また、顧客はどんな人々なのかを探っていきます。

ビジネスの性質や特性は、その業界によって全く違っています。正しい判断をするためには、かかわる業界のありよう、カルチャーを知ることが大事なのです。

私は人事として、「この職場でいちばん影響力をもっているのは誰だろう」ということをいつも気にかけていました。また、職場の人間関係、誰と誰の仲がよく、誰と誰が悪いのかも常に気にしていました。

「人を知る」というのは、信頼関係を築く一歩として、非常に大事なことです。同じ部署、同じセクションでも、新しいメンバーが入ったり、職位が変わったりしたら、これを機会に、改めてその人物のことを知ろうとするのは価値ある行為だと思います。

もうひとつは、「共通言語を知る」こと。

関係各所と話をするとき、その業界特有の用語や見解をおさえておくことで、スムーズに話ができるからです。

ファッション業界なら「今回のコレクション、ウィメンズがすごくいいね」「この間競合の新しい店舗が表参道にできていたけど、見た?」などと切り出すと、すぐに話を始めることができます。

これは決して、転職した場合にのみ有効な方法ではありません。同じ会社に長く勤務していても、意外とその会社の組織特性やビジネスの本質について正しく理解できていないことは、たくさんあるものです。部署間の異動をあまり経験していない場合は、なおさらそうでしょう。

②期待される役割と現状を整理する

期待される姿と実際のギャップを部下に伝えるには、そもそも相手への期待がどんなことかを言語化する必要があります。

「あなた(部下)は何をやるべき人なのか」が明確になっていて、そのためには、何をどのような姿勢、どのようなプロセスで進めていくべきなのか、行動規範や価値観をクリアに示さなくてはなりません。

つまり、「初期設定としての成果責任」「あるべき姿勢と態度、行動規範」「今期達成すべきこと」の三つを最初にきちんと説明できて、初めて日ごろのフィードバックが可能になるといえます。これを部下一人ひとりにおこなうのがベストです。

目標の設定について、外資系企業では、会社全体の目標から各部署へと、段階を踏んでブレイクダウンしていく形でおこなっています。

たとえば、「全世界で売上が〇千億円ある。そのうち日本の売上は〇百億円である。そうすると、今期の日本のビジネスの成長は、何を優先順位とし、どんな方針と体制を取り、具体的には何をおこなっていくか」。これをプレゼンテーションしなくてはいけません。

一方で、達成のために克服すべき課題と、その解決法も示します。これがいわゆるビジネスプランです。

そして日本支社内では、各事業部で何をしていくかをさらにブレイクダウンしていきます。そうやってどんどん上位組織で決まったことを下ろしていくと、最終的には社員一人ひとりが何をやるのか、どれくらいの能力レベルをめざすべきかまでが上位目標と整合性をもって決まってくるのです。

会社としてしっかりとした目標設定のフレームがない場合、マネジャーにここまでの設計は求められていないかもしれません。ですが、「自分の力ではどうしようもない」と考えるのは、今の自分をも否定することにつながります。

上位目標が脆弱で不透明でも、自分の責任と展望において、今期やるべきことの見通しを立て、部下の一人ひとりの期待値をクリアにしていきましょう。

結果的には、あなた自身とメンバーの成長を、間違いなく促すことになるはずです。

③アクションプランを策定し、ふり返る

フィードバック後には、「次からこうしてみてはどうか」と、次のアクションを提案します。また、何か達成した後に「やはり組織における信頼関係は大事ですね」な

ど、それをやって獲得した能力や気付いたことをメタ認知させる機会があるとよいでしょう。

なお、メンバーの状態を見たとき、「もう少し営業経験をつけたほうがよい」とか「数値的なアプローチで相手を説得できるようになるといい」など、全体的にレベルアップしたほうがよいポイントは、初めの段階で把握できると思います。そこは、評価面接や折々のミーティングを待たずに、「4月の段階でもふれたけれど……」と、日常場面でリマインドしていくのが理想的です。

そのためには、いつどういう指導をしたかを記録しておく必要が出てきます。自分がわかるように手帳などに書いておけばよいですが、最近出ている人事系のクラウドサービスなどを利用するのもいい方法です。

医師が患者に対して残す「カルテ」のように記録を残しておくことも、これからのマネジメントには大事かもしれません。

行動の結果だけでなく、背景にまで踏み込む

部下にきちんとフィードバックができるマネジャーは、部下の行動の背景までも含めて言及することができています。

たとえば営業で、エリア間の売上に偏りがあり、部下にそれを修正してほしいとします。フィードバックに及び腰のマネジャーは、「よくがんばっているから個人の意思に任せよう」などと、マネジメントから半ば逃げるような判断をしたりします。

一方、地域に関係なく、バランスよく売り上げることが**部下の成長機会につながる**と判断できるマネジャーは、「売上に偏りがあるのは、何か理由があるはず」と考えて、改善するにはどうしたらいいか、部下と一緒に考えようとします。

そして「実は地域の特徴をあまり知らなくて不安を感じている」「競合他社で強い

営業がいた」など、部下のパフォーマンスを阻害している理由まで把握して、成長のための改善策を提案することができるのです。

フィードバックには種類がある

ここで改めて、フィードバックの種類について見ていきます。

フィードバックは、規模とその対象で、大きく四つの領域に分けられます。

個人を対象にした最たるものは、評価結果のフィードバックです。これは人事・評価制度に則って、半期ごと、あるいは一年ごとなど定期的におこなうものです。

個人に対するフィードバックのもうひとつは、日常おこなう習慣、カルチャーとしてのフィードバックです。仕事を通して、日常のコミュニケーションの中でおこなっていきます。1on1フィードバックもこれにあたります。

フィードバックの種類

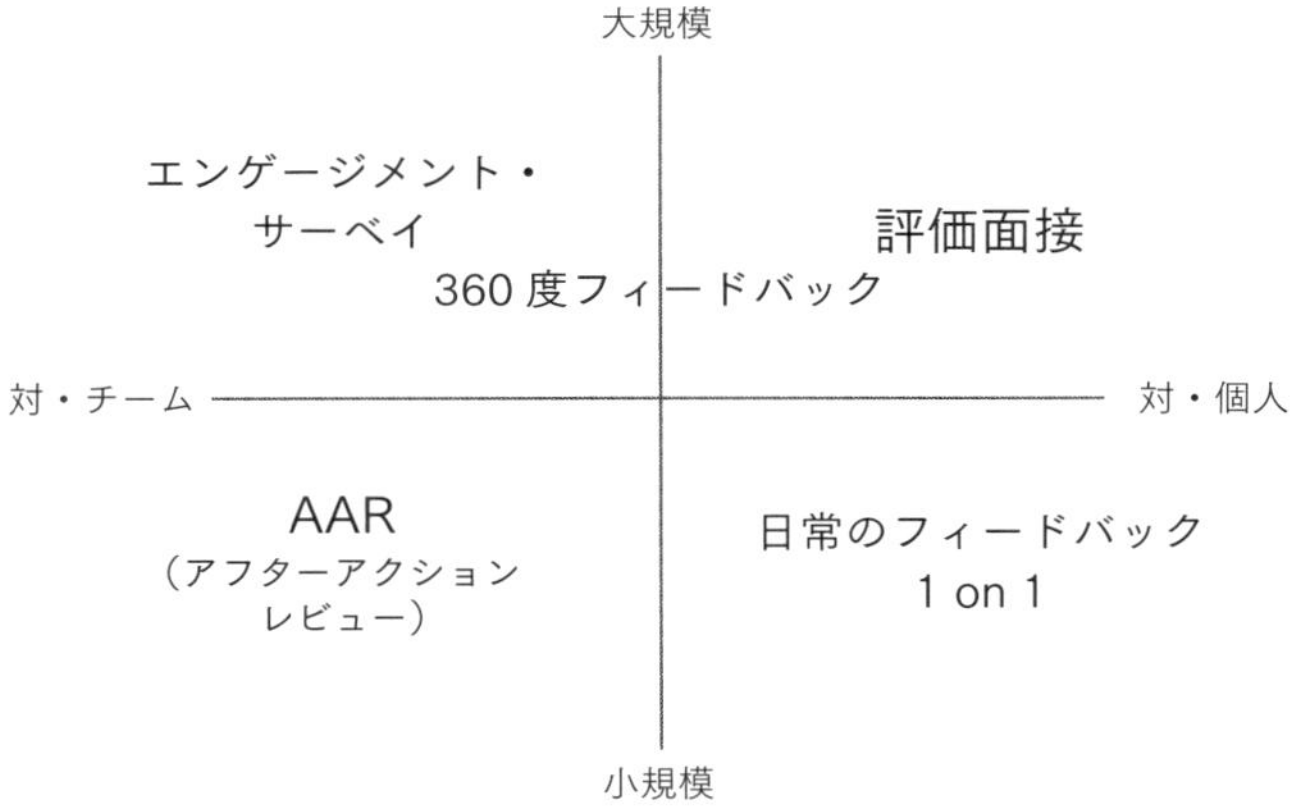

チームを対象にしたものには、プロジェクトや大きなタスクをレビューしフィードバックする仕組みがあります。前にふれた、AARがそれです。

エンゲージメント・サーベイ（従業員満足度調査）は、社員というよりも経営陣、会社に対するフィードバックですね。組織・チームを対象にした大規模なものです。

また、管理職に対して効果のある、360度フィードバックもあります。

次章からは、個人を対象にした「部下を伸ばすフィードバック（チャプター

1)」と、チームを対象にした「チームを導くフィードバック（チャプター2）」で、それぞれのシーンに合った具体的な方法を解説していきます。

Chapter 1

部下を伸ばすフィードバック

Empowering Your Team Through Feedback

シーン1　定期的な評価面接

評価制度の違いをおさえておこう

最初に、日本企業と外資系企業の評価のありかたの違いを説明します。なお外資系とひとくちに言っても、日本法人と海外の本社とで制度が違う場合もあるので、実状はその会社によって多少変わります。

これまでの日本企業は、年功序列を基本とした職能資格制度に基づいて評価をおこなうケースが多く見られました。会社での勤務年数が増え、仕事の熟練度が上がって、できることが増えていくことが評価に結びついていくという、年功的な考え方です。

つまり**「何ができるか」という能力・資質**と、そのプロセスを評価していきます。対して外資系企業は、新人であっても「あなたは何をやる人なのか」という、個人の役割と責任が明確に定義された「ジョブ型」を採用しています。

そして**「何をやったか」という成果・結果**が評価の対象です。

ザックリ言うと、この違いが評価の項目や方法、そしてフィードバックの内容に大きな影響を与えます。

評価の主体

このような評価制度のもとでは、評価の主体も異なってきます。

日本企業では、「評価制度に照らした結果、あなたの今期の評価はAだった」というふうに、もともと設計された基準に沿って評価されます。そこでは、上司の判断ではなく、**評価制度そのものによって評価される**仕組みになっています。

これは評価の公平性や一貫性、整合性などを担保するためですが、今の複雑化した企業活動の中で、矛盾なくロジック化するのは限界があります。結果的に制度が極めて複雑で煩雑になっており、ここは日本の人事評価制度の弱点です。また、マネジャーの責任感の希薄化や制度への過度な依存を招く可能性もあります。

一方外資系企業では、制度によってではなく、上司によって評価されます。**部下の評価を上司が責任をもっておこなう**仕組みになっているのです。

したがって、上司のマネジメント力が常に問われます。

評価がおかしいと、部下が不満をもちます。そして仕事へのエンゲージメントが下がり、パフォーマンスが低下します。やがて部下が辞めたり、部の業績が下がったりします。最終的にはマネジャーの責任が問われることになります。

そのため、マネジメントのポリシーやリーダーシッププロファイル（あるべきリーダーシップの姿）をきっちりつくって、トレーニングをしっかりおこなう仕組みになっています。

目標設定

目標設定は、パフォーマンスマネジメント、ひいては一人ひとりの貢献を組織全体の成果に結びつける重要なプロセスです。

目標は、その達成プロセスも含めて、**会社のポリシーや価値観に沿ったもの**になっていることが大事です。メンバー一人ひとりの目標、責任が組み合わさったときに課の責任となり、それらが合わさると部の責任となり、最終的には会社の達成目標になっているといったように、会社全体と個人との目標が矛盾なく、ロジックツリーとして完成しているのが理想です。

成長を続ける企業にとっては「売上を上げさえすれば何でもやっていい」とか、「あの人はみんなに嫌われているのに、営業成績がいいから出世した」などということは、あってはならないことなのです。

そして目標は、「**背伸びしてやっと届くレベル**」に設定します。目標に向かって精一杯背伸びすることが能力の伸長につながり、エンゲージメントの源泉となるからです。

また、目標をきちんと言語化することも大切です。

たとえば経理担当なら「出納システムの強化」という一言で終わらせるのではなく、「現状の出納システムがどうなっていて」「このように改善すると、業務がこんなふうに便利になる」「それを実現するために、いつまでに何をやる」と、部下がその年次に何をするのか、半年後・一年後にどのような状態になっていれば良いのか、誰が読んでもわかるレベルの表現に落とし込みます。

フィードバックをおこなう立場としては、どうしても評価をする場面やタイミングを考えてしまいます。そうであればなおさら、目標設定に十分な時間を割き、部下と綿密に議論を重ねていきましょう。

目標設定がうまくできれば、評価結果への納得度も高まり、フィードバックも間違いなくうまくいきます。

目標設定・その前と後には

目標設定面談の準備として、最初にセクションや課内で、ブレインストーミング的なミーティングを開催することをおすすめします。

たとえば営業一課で今期の目標設定をおこなうとします。そのときマネジャーは、「今の全社の状況は、たぶんこうだ。そしてうちの営業部はこういう状況におかれている。ここから営業一課の目標を立てていかなくてはいけない。そして、課を取り巻く環境はどうだろう？」

と、メンバーに意見を聞きます。

「市場は○%の成長が見込まれている」「競合は第三位の○○が売上を伸ばしてきた」「北関東エリアは駅周辺のテナントが順調」「去年は天候によって原材料が高騰した」……など、メンバーから出てきた意見を共有し、ディスカッションしていきます。

共通理解と目標の共有ができたら、

「課の目標が見えてきた。では、ここから自分に求められることは何だろう」
と、メンバー一人ひとりの目標設定を促していきます。

課の目標をオープンにすると同時に、個人レベルの目標も社内のシステムなどで全社的に見られるようにしておいたり、キックオフミーティングでそれぞれの目標を発表し合ったりするのもよいでしょう。

目標を公開・共有する理由は、仕事というものは、たとえどんな職種でも、一人でやることができないからです。**お互いの目標を隠さずに共有しておくほうが、格段に有機的なチームワークを発揮できます。**

日本企業の場合、たいていは、自部門の目標を「営業部↓営業一課↓西日本担当の安田さん」といったように、組織の「縦のライン」に沿って立てていきます。ですから部門内の課、そして個人の目標は、他の部署の社員の目に入ることはありません。

しかし事業を進めるうえで、他の人や部がどんな目標をもって動いているのかが見えないのは、実は不自然なことです。

スポーツを思い浮かべるとわかりやすいですが、サッカーの試合で、パスを受け取ったら誰につないでいくか、お互いの動きが見えて連携が取れていなければ、試合を有利に進めることはできません。これと同じです。

さきほどの例に戻れば、営業部が今期の目標を立てるうえでは、経理部の協力も当然必要になってくるし、活動が増えるので人員を増やす必要があるならば、人事もそれを把握しておかなければなりません。

営業エリアを拡大するにあたっては、営業担当の車の走行距離も増えます。そうしたらガソリン代も増大します。その費用は総務もおさえておきたいでしょう。

このように、**組織の「縦のライン」で目標を連鎖させるだけでなく、組織横断的に「横のライン」でも連携を取る**ことで、事業をより効果的に動かしていけるのです。

「個人の目標を公開し合うと、メンバーに不公平感が生まれるのではないか」と感じるかもしれません。

しかし、設定する側の仕事の割り振りの大きさには、理由があります。たとえば新人と中堅社員では経験にも差があるし、売上額も違います。

「あの人とあなたで設定した目標が違うのはなぜか」、それをきちんと説明して、メンバーの納得を得るのがマネジャーの仕事です。

日本の管理職は、管理職として果たすべき説明責任から逃げている人が多いです。説明しないことは疑心暗鬼を生み、信頼関係を十分に築けないことにつながります。その結果、メンバー間の情報共有もなく、同じ部署なのに違う場所で離れて仕事をしているような状況におちいってしまいます。

そして部下から説明を求められたら、うろたえる。こんな軟弱なマネジャーでは、メンバーの信任を得ることはできません。

評価面接の流れ

理想的な面接の時間は一時間程度で、集中力が途切れないようにします。また、次のような流れで実施することが望ましいです。

①目標のレビュー

（声かけ例）「この1年（半期）お疲れさま。最初に立てた目標は○○でしたね。それに対して、今期どんな取り組みをしてきたか、ふり返ってもらえますか」

部下に当初の目標を**ふり返り**、それに対してどのような**取り組み**をおこなっていったかを説明してもらいます。

②上司からのフィードバック

（声かけ例）「○○プロジェクトでは、積極的に進捗管理をしていましたね。経理部の長谷川さんとは最初、ぎこちなかったように思いましたが、自分からよくミーティングを働きかけていたように見えました」

部下のレビューに対して、自分はマネジャーとしてどう思ったか、どう見ていたかをフィードバックします。

③部下自身による自己評価

（返答例）「最初によく説明をしないと、このプロジェクトの主旨と目的が伝わらないと思ったので、ランチミーティングやグループチャットなどでチーム内に随時報告するように心がけました。ふだん交流のもてない物流担当の水早さんなどの協力も得られて、スムーズに進んだと思います。でも、終わった後の反省会がまだできていなくて……」

部下自身の、**自分の取り組みをどう見ているか、達成できた面、もう少し努力が必要だと感じた面**などを聞きます。状況次第で、②と③の順番は入れ替わってもよいでしょう。

④強みと伸びしろの確認

（声かけ例）「この1年（半期）見てきてわかったのですが、数字の分析力が素晴らしいですね。みんなの納得感も高まりました。加えて言えば、〇〇事業部にも頻繁に共有するなどして、もう少しリスク管理をすると、もっと説得力が出たと思いますよ」

取り組みを通して見えた部下の**強みと、成長が必要な点**を述べます。

⑤来期の目標設定

（声かけ例）「全社的にはまだ決まっていないかもしれないけれど、分析力を生かして、もう少しデジタルの売上を伸ばしていけたらいいですよね」

（返答例）「そうですね、今期もっと追求したい点も出てきたので、どんどん展開できると思っています。リスク管理も引き続き改善していきたいです」

強みと伸びしろを共有し、来期の目標設定につないでいきます。

⑥キャリアプランに関する議論

（声かけ例）「ところで酒井さんは、自分自身の**10年後はどう考えていますか?**」

（返答例）「そうですね……まだイメージできないですが、もう少し大きな視野で仕事ができていたらいいです」

（声かけ例）「なるほど。それなら、ピープルマネジメントの経験を早くしておいたほうがいいですよね。今あなたは5年目。来年度は新人も2名配属になりますから、**将来のことも考えて、**少しリーダー的な役目もしてみましょうか」

今期のふり返りと評価にプラスして、**部下の将来に役立つことを、少し先の視点から眺めて提案**します。単なる評価に終わらせず、**部下の将来のキャリアと、今やることとの接点を示す**ことが、部下のエンゲージメントの源泉となります。

ネガティブ・フィードバックのポイント

フィードバックには、よい点、成長した点などを伝えるポジティブなものと、改善が必要なことを伝えるネガティブなものがあります。

前にもふれましたが、外資系企業では、フィードバックは**相手のために、成長機会として**おこなうもの。ですから、たとえ耳の痛いことだとしても、相手の成長のために贈る「ギフト」であるという考え方をします。

そのことを理解したうえで実践に移りましょう。

原則は、**事実に基づいて伝える**ことです。未確定なことや憶測などをもとにせず、①事実（Example）②及ぼす効果・影響（Effect）③変更の提案（Change）の三要素が必ず含まれた言い方を心がけます。

たとえば、部下が必要な数字の提出を遅らせてしまったとします。

そのときには、「営業計画担当のAさんへの月末予測の報告が遅れたそうですね（①事実）。来月は四半期の報告月なので、営業の報告が遅れると予測の数字に誤差が出ます（②及ぼす効果・影響）。次回からは必ず遅れないようにしてください（③変更の提案）」と、事実に基づいたフィードバックをします。

このとき、「なんだか月末予測の報告が遅れたらしいけど、ダメだぞ」のような**伝聞・推定による曖昧なフィードバックは部下の行動変容につながりません。**「自分は知らないけれど〜のようだ」という言い方は、上司としての責任から逃れる発言です。

次に、部下が自身のプレゼンテーション資料に対するフィードバックを求めてきた場合はどうでしょうか。

よくやりがちなのは、「何か違うんだよな」「センスがいまいちだね」という、曖昧な感想です。このようなフィードバックは、何かを言っているようでいて、実は何も伝えていません。

「このフレーズを目立たせたいんだったら、この文章は不要じゃないだろうか」「自分だったら、このスライドの順番を入れ替えるよ」など、単なる批評や感想を投げるのではなく、部下が**仕事を改善するうえで手がかりになるような伝え方**を心がけましょう。

「この見せ方はすごくわかりやすくていいね。これを生かすために、先日の社長メッセージを足してみてもいいんじゃない」

など、伝え方のテクニックのひとつとして、ポジティブな点を先に伝え、次に改善点を指摘する「サンドイッチ方式」も有効です。

日ごろからのこまめなコミュニケーションを通じて、上司と部下の間に認識のズレがない状態を維持することで、ネガティブ・フィードバックによるモチベーション低下を防ぐことができます。

フィードバックで気をつけたいのは

外資系企業は日常的なフィードバックを重視し、上司と部下は頻繁にコミュニケーションに時間を割き、業務上の課題や改善点について率直に話し合います。評価面接は、それまでのフィードバックの集大成であり、サプライズは極力避ける。これは、評価に対する納得感を高め、部下のモチベーション向上につながります。

一方、日本企業ではフィードバックの機会が少なく、評価面接で初めて詳細な評価内容を伝えられるケースが多いです。これは部下に大きな不安やストレスを与えるだけでなく、日々の業務改善や成長の機会を逸する可能性があります。

典型的なのが、部下自身はがんばったと思っているのに、全体の調整によって評価が変わってしまったというケースです。

「新人事制度」などと銘打って、「あなたのがんばりをしっかりと評価する、評価したぶんは今までよりももっと賞与や昇給に反映する」とうたっておきながら、実態は「うちの部でA評価は2人しか出せないから」と、相対評価に置き換えられてしまう。

外資系企業は前述のように、組織の業績と一人ひとりの成果が明確かつロジカルに結びついていることが求められるため、このようなことは起こりにくいのですが、社員の評価と給与・賞与の原資がきちんとリンクして設計されていない場合、評価に見合う報酬が得られず、限られた原資をみんなで分け合う形になってしまうのです。

日本企業の多くは未だに年功型で、社員一人ひとりが上げたリアルな成果に対して、その報酬が厳密に結びついていません。まだまだ成果を上げられない新卒社員がいる一方で、とても高いパフォーマンスを出せる一握りの社員が、貢献度の低い社員の給与を稼いでいるような構図もあります。

しかしグローバルカンパニーでは、一人ひとりの成果を積み上げた結果が組織の業績になるという制度設計が求められます。このロジックがしっかりしているので、成果と報酬が直結・整合しているのです。

とはいえ、企業文化の違いを理由に矛を収めてよいとは思いません。マネジャーは部下に評価結果を説明する責任があります。

企業によっては、評価の「甘辛」を修正するための評価調整会議で結果が変わる可能性があるため、部下のモチベーションを下げないよう、一次評価では明確に評価を言わないと定めているところもあります。

しかし私は、どのような場合でも一次評価をしっかり部下には伝えるべきだと思います。

「直属上司である私のあなたへの評価は、◯◯という理由で、Aです。ですが全体のこともあるので、最終的な評価の結果はまだ確定しません」

部下が納得するような説明をしたいと考えるなら、ここまで伝えて説明責任を果たすべきです。

「私もAだと思っていたけれど、調整会議で下げられてしまったよ、ごめん」などという、無責任なフィードバックはありえない話です。これで部下のやる気が増すとは到底思えません。

シーン2　日常業務でのフィードバック

フィードバックは、相手に対する期待と実際の様子の差分に対しておこないます。その差分に気付くには、ふだんの様子を見ておくことが基本となります。

営業同行の後、会議でのプレゼンテーションの後、フィードバックするタイミングはさまざまでケースバイケースですが、「なるべくすぐ、忘れないうちに」がおすすめです。

言うときには、フィードバックの構造に沿うこと。シーン1で少しふれましたが、

EEC①事実（Example）②及ぼす効果・影響（Effect）③褒める・変更の提案（Congrats・Change）の三要素が必ず含まれた言い方を心がけます。

影響の大きなものに絞って言う

一度のフィードバックで、思っていることの全てを伝えるのは無理があります。相手の行動変容を促すためには、**ここぞという一点に絞ったほうが効果的**です。

まじめなマネジャーほど、「いい機会だからあれも言っておこう」「そうだ、このことも忘れないように伝えよう」「あのことも思い出したぞ。伝えておかないと」と、気になることが次々に出てきます。それを全部伝えても、部下は「結局、上司は何が言いたかったのだろう」と感じるだけに終わるでしょう。

言った側は「よし、ばっちりフィードバックできた」と満足かもしれませんが、言ったことが相手に伝わったかどうかは別の問題です。おそらく大部分は忘れてしまうか「いろいろ言われてよくわからない」になると思います。

伝えたいことは多くあっても、「今回はここを言う」と、そのときに最優先の項目に重点を置いてフィードバックすることをおすすめします。

感情は無理して抑え込まなくてもよい

冷静にフィードバックをおこなっていても、場合によっては、感情が昂ぶってしまうこともあるでしょう。私は、自然にわき出てくる気持ちは、無理やり全て抑え込まなくてもいいと考えています。

というのは、ときには、ある程度感情を表現したほうが、相手に伝わるのではないか、と私の経験上感じるからです。

ある価値観を前にしたときに自然とこころが動くこと、その現象が「感情」だとするならば、叱る場面で「それはだめだよ」と、強い口調や厳しい表情を表されたとき、部下は「この人にとって、これは受け入れられないことなんだ」と気がつくことができます。

生の感情を見せるのは上司として抵抗があるかもしれません。しかし「おだやかにほほえんでいたからホッとしたけれど、目が笑っていなかったなあ」と思われるほうが、相手に「本当は何を考えているんだろう」と不安感をもたれそうです。

「そうは言っても感情が先に立ちすぎてしまう」という場合は、EECの構造を常に頭に置いて、それに沿って話すことに気持ちを向けます。事実に沿った物言いをしているうちに、荒ぶる気持ちがだんだん収まり、ほどよい出力で伝えられるレベルになるでしょう。

部下へ「お小言を言う」のがマネジャーの仕事ではない

日本のマネジャーが抱える弱点は二つあります。

ひとつは、マネジメントの概念的な理解が不足していることにより、マネジメントクオリティそのものが高くないこと。EECのような構造的なフィードバックができていないために、部下からは「ワケがわからないけど怒られた」とか、「なんか機嫌が悪くて八つ当たりされた」としか受け止められない。日々自分の「プレイヤー」としての業務に汲々《きゅうきゅう》として部下との時間が取れず、フィードバックの頻度が低いことも背景にあります。

もうひとつは、部下へはっきりとした成果責任を伝えていないこと。「今期はここまでやってほしい」「ここまで達成すれば成功」という期待やゴールを示せていないことです。

「**あなたは何をやる人なのか**」という明確な提示がないのに、部下がそれをくみ取り、期待通りの成果を出してくれるわけがありません。それなのに、後から「あれができていない」「これはまだじゃないか」などと小言を言われたら、部下のエンゲージメントは低下し、成果も達成できないでしょう。

フィードバックをよりよいものにするには、最初の目標設定の段階からしっかりと時間を使い、日常場面で定期的な1 on 1フィードバックを積み重ねていくことが大切なのを忘れないでください。

「パワハラ」と言われるのは、あなたが受け入れられていない証拠

部下からの「それってパワハラじゃないですか」という言葉が心配で、フィードバックに二の足を踏んでしまうという声が聞かれます。

「パワハラの定義について別途確認したけれど、該当しなかった。なのに部下から『パワハラだ』と言われてしまった。なぜだろう」

それは、そもそもの信頼関係がつくれていないことの表れです。

部下は「パワハラ」という言葉を盾に「あなたの言葉を受け入れたくない」「あなたには従わない」という意思を示しているのです。

一世代前までの日本社会は、確かに「パワハラ」的な行為が日常的におこなわれていました。パワーマネジメントがそのひとつです。「お前が優秀かどうかは関係ない、俺が上司なんだから言うことを聞け」という、地位を濫用した強引なマネジメントは、日本企業のあちこちで見られました。もしかしたら、かつて私自身もその中に参加し

ていたかもしれません。

しかし現代のマネジメントにおけるハラスメントへの扱いは、以前の比ではないほど繊細になりました。旧世代の価値観にさらされた経験が多かれ少なかれある私たちは、「ハラスメント」という言葉にひるんではいけない一方で、自分の中に改めなければいけない部分も残っているのです。

「ハラスメント」の指摘は、**「マネジメントスタイルをアップデートせよ」**というサインだと受け止めてもよいでしょう。

年齢が上なのは「偉い」ことなのか

日本や一部東アジアの国・地域では、年齢に対して敬意を払う文化があります。年上の人を大切にするという価値観は、昔の社会では確かに有効に機能していたのだと推測できます。

ですが現代の会社組織においては、それは薄れてきています。

もしもマネージする側とされる側に上下関係が存在するとしたら、それは組織図上だけのこと。それ以外の実生活において、先輩後輩、入社年、年齢、職歴、学歴などで序列がつくことは一切ありません。そもそも、そんな序列はあってはならないです。それでも、「部下にも敬意を払う」という感覚は、日本人、特に中高年以上の人たちにはなかなか理解できないようです。実際、上司は部下を平気で「おい、ヤマダ」「スズキ、ちょっと」と呼び捨てにしています。そして、もちろん自分は部下から「さん付け」で呼ばれて当然だと思っている。

講演会でこの話をすると、後で役員や管理職が「呼び捨て文化は良くないという。おっしゃることはわかるのですが、何というかこの、日本人特有の親しみというんですか、呼び捨てにすることによってわかる同族意識みたいなものがあるのですよ。さん付けはどうも他人行儀で」などという声が上がったりします。

そこで「それでは部長、明日から部下に呼び捨てにされてもいいですか」と聞くと「いいや、それはダメです。年長者は敬わないと」と慌てて言う。呼び捨てが快適なのは年長者だけなのですが、彼らはわからない。

つまり、自分より若年な人物に対してもリスペクトをもたなければならないという感覚が薄い。人によっては「部下を自分の所有物」だとすら思い込んでいるのです。

日本語の「尊敬」「敬意」と、英語でいうリスペクトとは、意味合いが違います。日本語だと「崇《あが》め奉る」のように、相手を上にあおぎ見るようなニュアンスになりますが、英語は、相手を自分と同じ、**一個の対等な人格として認知する**という意味になります。

この違いをよく認識する必要があります。

「叱るに足る」人になるには

フィードバックをパワハラだと言われないための姿勢としては、自分自身が「叱るに足る」人間になることだと思います。「あの人に言われるのならば受け入れる」「あの人が言うのだから聞く価値がある」。すなわち、**部下に納得されるような人物であれ**、ということです。

そのためには、マネジャー自身が部下に「そうなりたい」と思われるように振る舞うことが必要だと思います。

部下に「キャリアに前向きで、面倒な仕事も常に自分の成長の糧にできるように取り組んでほしい」、「多様性を受け入れ、同質性のリスクにとらわれない判断ができる人材になってほしい」などと思うのならば、まず自らがそうなるように努力する。なってほしい人物像を体現してみせるのです。

「これからはうちの会社もグローバル化が進むんだから、もっと英語を勉強しないとダメだよ。俺はもうこの歳だから関係ないけど」などと無責任なことを言い放つ上司に、従う部下が果たしているでしょうか。

中間管理職に対する上級管理職にも同じことが言えます。フロントラインマネジャーが「あの人のようになりたい」と思うようなロールモデルを、自分自身が示すことができているか。

その上も同じです。

「自分もそうなりたい」と思われるようなリーダーシップや生き方、存在であることを、それぞれの職層の人がいかに体現していこうとしているかが、非常に大事だと思います。

「褒める」ことの真の意味

フィードバックにおいて部下を褒めるとき、気をつけたいことは二つあります。

ひとつは、**一貫性のない褒め方をしない**こと。マネジャーは、その部下をどういう段階にもっていきたいのかを常に頭に置いて、その目標に向かうためには、どんなときに、どこを、どんな理由で褒めるのか、基準を明確にもっておくべきです。

二つ目は、**公の場で褒める**こと。ビジネスシーンでの「褒める（recognition）」とは、「正当性を認知する」「真価を認める」「正しく評価する」という意味を含みます。「よくできたね！　すごーい」と誉め称えること（praise）とは意味合いが異なるのです。

つまり、「褒める」ということは、部下の行為は会社に対する貢献度が高かったということを、他のメンバーに認知させるためにおこなうことなのです。

全員が「なるほど、彼のしたことが我々の組織では歓迎される行動なのか」と認知することで、組織に成功知が蓄積されていく効果があります。

部下の成功を部下だけのものにせず、組織のものとして認知することで、部下のモチベーションを上げる効果があると同時に、他の社員もその成功例を再現する可能性が高まるわけです。

Z世代には、褒められることを圧だと受け止めるために「みんなの前で褒めないでほしい」と思う心理があると言われます。これは「何のために褒めているのか」という「初期設定」を丁寧に示すことでクリアできます。

褒めるときには、**何が良かったのか**を具体的に示します。たとえば「緊急時の不在対応がとても的確で、他の人も助かりました」「煩雑な用件のやり取りを、相手にわかりやすく論理的に説明できていたので、トラブルに発展せず無事に収まりました」など、ＥＥＣの構造を活用するといいでしょう。

なお、叱るときには「相手の人格までを否定しない」という原則がありますが、褒めるときには、部下の価値観や行動基準にふれる場合もあります。部下一人ひとりの個性やポテンシャルなどの強みと、さらに伸ばしてほしい部分を、セットでバランス良くフィードバックしてください。

自分を知って他者を理解し受け入れる、自分の間口を広げる

部下に求める行動や価値観を体現していくには、自分自身が客観的に見てどんな人間なのかを内省的に考えることが大事です。

その大前提として、**自分と他人は違う**、という認識をもつことが必要です。

「こうやってほしいのに、どうして違うことをするのだろう」「ここは当然同じように考えるべきなのに、どうして他のことを言うんだろう」など、他人が自分の思うように行動しないことにストレスを感じるのは、「自分と他人は違う」と認識できていないからです。

情報の捉え方、行動の基準となるもの、意欲をわき立たせる源、意思決定の仕方。それらは全て人それぞれです。

そのことを理解するには、まず、自分がどんな人間なのかを知る必要があります。知る手段として、たとえばMBTIのような診断を使ってみるとしましょう。

自分のタイプがわかったら、次は周りの人たち、自分以外の他人のことを理解していきます。「なるほど。だからあの部下は細かいところにこだわるのか」「すぐにソースは?と言うのは、判断するときに数字を頼りにしたいタイプだからか」など、**行動や発言の根拠や背景を知って、相手を受容**していきます。

「自分はどちらかというと最初に直感で判断するほうだけど、あの部下はまず理由づけがしっかりしていないと納得しないいんだな。留意しておこう」

「あの上司はせっかちだから、最初に結論を聞きたいんだろうな。自分はなるべく詳しく報告したいタイプだけど、言い方をちょっと変えてみようか」

など、自分のものの考え方と、他人の考え方がどう違うのかを比較して、自分の判断や行動を修正できるまでになると理想的です。

今の自分と、相手（部下や上司）が求めることの差を見いだし、自分の行動を改善する。

実はこれも、自分でできる有効なセルフ・フィードバックと言えます。

価値観の接点をもつ

仕事をするにあたっては、個人の価値観と組織の価値観が、ある程度一致していることが重要です。したがって両者の接点を探していくことも、日ごろのフィードバックの中でおこないたいことのひとつです。

「この会社は何のために存在するのか」「なぜこの事業をおこなっているのか」という、会社の存在意義を表す言葉を**パーパス**といいます。

仕事をするときの理想は、職業人としてあるいは人間として「こうありたい」「こういう価値基準で生きていきたい」という希望をもち、「A社は自分が共感できる価値観をもっている。だからここで働く」という姿が描けることです。パーパス経営は、このような構造を実現しようとするものです。

マネジャーは、これを理解していることが重要です。会社として世の中に提供したい価値は何か、その価値を創出するにあたって行動の基準となる価値観は何か。それを、**「うちの価値観はこうだよ」と、部下に自分の言葉でわかりやすく伝えていく**必要があるのです。

「うちのいちばん大事な価値観は○○だから、会社の一員である以上、そういうふうにしていきたいんだよね」という会話が続けていければ、部下がパーパスを大きく踏み外したパフォーマンスを「やらかしてしまう」こともないでしょう。また会社目線で言えば、このような会話の機会があるかないかが、組織の理念・価値観の浸透に大きな影響を与えるのです。

マイクロマネジメントは悪なのか

部下の行動を細かく指導し管理するスタイルであることから、あまり良く言われない「マイクロマネジメント」ですが、そのこと自体は特別に問題ないと私は考えます。問題なのはマネジメントのスタイルではなく、それによって部下のやる気が削がれたり、「自分は上司に信用されていない」と受け止めてしまったりすることです。

私自身をふり返ると、実際に「細かいな」と思われそうなことを言っていたと思います。しかしそれはチェックや管理のためというよりも、どちらかといえば、**自分が抱いていた「成功イメージ」実現のため**でした。

著名なアーティストは、自分の作品に対する細かいこだわりをもって、妥協なく仕事をするそうです。それは、自分の描く最終的な成功イメージ、マーケットに与えたい影響について、非常に細かい部分までを頭の中に描きだして取り組んでいるからだと思います。

カリスマ経営者が新しい店舗を出店するときには、現場の棚の位置まで細かく指示をするとも聞いたことがあります。その指示に異議を唱える社員はいないでしょう。

それは、上の人に意見するのがはばかられるからではなく、経営者が描きたい世界、価値観、ビジネスで創出したい価値があるがゆえの「こだわり」が、社員に伝わっているからです。

「～したい。なぜならば～だからだ」という**根拠や基準をもとに、つくりたい世界観やイメージをできる限り写実的に表現する努力をする**。このようなマネジメントは、細かすぎるかそうでないかに関係なく、やったほうがいいです。

外資系企業では、何を考えているかを表現することを常に求められます。日本企業においても、半期や年度始まりの際に、自分がマネジャーとしてどういう方針でいくのかを言語化し、メンバーに披露するべきです。これは、あなたの**上司がやっていようがいまいが、組織のルールであろうがあるまいが、関係ありません**。

「われわれはどこをめざすのか」、出航する船のように帆を掲げない限り、ビジネスの海原を渡ることはできません。「今年度はこういうことを中心にやっていく」ということを言語化して、メンバーと共有していきましょう。

「いやごと」を告げるときの心のもちかた

前にもふれましたが、フィードバックには、ポジティブなことを言う場合と、ネガティブなことを言う場合とがあります。

どうやったら、相手にネガティブなことをうまく伝えられるか。頭を悩ませる課題ですが、これは実際に、自分がその感情を体感する場を経験しないとわからないかもしれません。

30年ほど前に、私が働いていた会社での話です。身体に障害をもっている20代の若い社員が、その障害の進行によりいよいよ日常業務の遂行が困難になってしまったことがありました。人事として手を尽くしたのですが、いったん雇用契約を終了せざるを得ないという結論になったのです。

上司と一緒にこの社員のご両親を訪ね、その旨を説明しました。「しんどいな、辛いな」と感じながら役目を終えた帰り道、上司から「安田くんって、申し訳ないことを本当に申し訳なさそうに話すね」と言われました。

驚いて、「えっ」と返したら、上司は「だからね、相手に伝わったんだよ」と。

そのとき、「そうか、俺は自分の感情を相手にわかりやすく伝えることができたのか」と気付いて、ネガティブなことを伝えるときの不安がふっと軽くなりました。このときの上司の言葉を、印象深く覚えています。**自分の行動を変えたフィードバック**となりました。

人事の仕事をしていく自信ができたのです。

「人事は人に恨まれる辛い仕事だ」などと言う人がいます。私は、そんなことは全く思っていません。仕事柄、これまで大勢の人に社外での活躍を提案する、つまり退職勧奨をおこなってきましたが、「絶対に今、自分が言っていることは正しい。この退職届にサインをしてもらうことが、この方にとっても会社にとっても最善の選択だ」と本気で思って取り組んできました。ですから、タフな交渉の場でも躊躇《ちゅうちょ》しませんでした。

そこには、「自分の、この責任者としての責務を果たさなければ」という切迫感もあったと思います。

本気でフィードバックすることで相手に行動変容を促さない限りは、マネジャーとしての責任を果たせない。責任を果たさなければ、マネジャーの座にはいられないかもしれないと感じていたのです。

ネガティブな事項を伝えることも含め、フィードバック全般に対する心構えを言うなら、「これは必ず目の前にいるこの人のためになることだ」と本気で思うこと。つまり、自分のフィードバックに自信をもつことです。

なろうと思ったらすぐに実現するものではありませんが、「やらないといけない、やるべきなのだ」という真摯《しんし》な気持ちをもち続け、努力することで、いつか必ず自らの成長を実感できる日が来ます。

言葉にこだわる

フィードバックを伝えるときの「言葉遣い」にも意識を向けてみると、その会社がどんなふうに社員を見ているのかがわかります。

日本企業によくある「人財」という造語。「人材こそ財産」だと言いたいのでしょうが、本当にそう考えているのか、疑問符がつくところもあります。

外資系企業は、会社によって独自の言葉遣いや言い回しがあり、それぞれが会社のカラーを形づくっていました。

私がいたLUSHでは、「HR（ヒューマンリソース）」という言葉を「人間はリソース（資源）ではない」という理由で使わず、「People（ピープル）」を用いていました。人事部はピープル。人事部長はヘッド・オブ・ピープルです。

独立後の社名を「We Are The People」としたのは、LUSHの、人に対する倫理観に影響を受けています。

また同社では、「弱み・短所」という言葉を極力避けていました。人に弱点はない、それはポテンシャル（まだ外に現れていない潜在能力）だというわけです。

そこで、「伸びしろ」という言葉をあてました。

ある意図をもって言葉を当てはめることで、曖昧だった概念ははっきりと意味づけされ、社員に共有されることで、その会社を成り立たせる文法として成立します。

会社の中でどんなフィードバックの言葉が行き交っているかに意識を向けてみると、会社が何を大切にしているか、社員をどんなふうに見ているかがわかるでしょう。まさにフィードバックこそ「価値観」を共有する瞬間であると言えます。

研修に効果がないと感じるのはなぜなのか

フィードバックは、部下に期待しているものがあるからこそ成り立つものです。何も期待するものがなければ、「こうしたほうがいい」という方向性自体生まれてきません。

広い意味で言うなら、これは組織開発／人材開発にもあてはまります。世の多くの会社における人事担当者の悩みに、「社内研修を開催しても、思ったような手応えがない」というものがあります。

たいていの場合、そのような研修は「〇年目になったから」とか「去年もやったから」という年中行事的な発想で設定されています。

全てを否定しませんが、つまり「目的が手段化」しており、誰のため、何のためにする研修なのか、誰もわからなくなっているケースも少なくありません。

企業は本来、到達したいものや生み出したい価値があるから、人を雇って育てるわけです。これから何をめざし、どこに行くのか。それがぼんやりしたまま研修をやって社員を啓発しようとしても、手応えがないのは当たり前ではないでしょうか。

シーン3　1on1ミーティングでのフィードバック

1on1ミーティングとは

1on1ミーティングとは、上司であるマネジャーと部下が、1対1で対話をする場のことです。

目的は大きく分けて二つあります。ひとつは、**部下のコンディションと進捗の把握**。私はこれをキャッチアップと呼んでいます。

人事部長（ヘッド・オブ・ピープル）を務めていたLUSH時代、私はこれを直属の部下である各々の部署の課長と**隔週30分**おこなっていました。「どう、最近どんな

1 on 1のバリエーションとポイント

名称	頻度（例）	内容
キャッチアップ	短時間・高頻度 例）毎週／隔週に1回・15分～30分	・最近の「調子」（How are you ?） ・直近の業務進捗の確認とフィードバック ・「期待」と「実際」のギャップを伝える（あれば） ・気になっていること・悩みを聞く ・エンゲージメント・モチベーションのチェック
パフォーマンスレビュー（＋キャリアカンバセーション）	中時間・中頻度 例）四半期に1回・60分	・評価期間の目標達成度・能力の発揮状況についてレビュー ・評価結果のフィードバック ・強みと伸びしろ、キャリアについての話し合い ・来期の業務／能力開発目標を確認 →組織のパーパスと個人のパーパスの接点

【ポイント】
・1回のミーティングに盛り込み過ぎず、目的と手法／タイミングを分ける
・率直な会話ができる日頃の向き合い方が重要
・パフォーマンスマネジメントを忘れない

感じ？」という第一声から始まって、お互い話すのを見て「元気そうだな」「少し疲れているかな」「忙しそうかな」というのを見ていました。

「そういえばあの会社に電話した？」と、ややカジュアルに小さいタスクをチェックしながら、メンバーのモチベーション、エンゲージメントの状態を探る感じでした。良好な人間関係を維持するためのアプ

ローチであったとも言えます。

もうひとつは**業績評価**（パフォーマンスレビュー）です。これはだいたい四半期、または半期に一度程度、メンバーが出すべき成果に対してモチベーションをキープし、求められるレベルでのパフォーマンスを発揮できるようにするためにおこないます。

この二つのタイプの1 on 1ミーティングは、定期的に実施することが重要です。短時間・高頻度のキャッチアップと、中時間・中頻度のレビューの両方をおこなうことで、より効果的なコミュニケーションが実現できます。

また1 on 1ミーティングは、上司と部下の関係性にかかわらず、全ての階層で有効なものです。特に日本企業では上層部になるほどマネジメントの意識がだんだん薄れていきがちですが、マネジメントは全ての階層においておこなわれるべきものであり、そこにおけるコミュニケーションの質は、上に行けば行くほど高いものが求められます。

上司から声をかけられるのを待つ必要はありません。上司の時間を確保するのは、部下の責任とも言えるからです。「今いいですか」と上司をつかまえ、自分が今何をやっているか、今どんなことで悩んでいるかを開示して報告してください。

ハーバード・ビジネススクール助教授であるマイケル・ワトキンスが書いた『ハーバード・ビジネス式マネジメント　最初の90日で成果を出す技術』でも取りあげられているのですが、フィードバックのためのミーティングをやらない責任は、上司にだけ問われることではないのです。全ての「マネジャー」にはそのまた上司である「マネジャー」がいるはず。部下にその姿勢を求めるのであれば、自身も自身の「上司」に対して積極的に1on1ミーティングを申し込むべきです。

1on1を成功させるための環境づくり

①部下のコンディションを把握する

1on1ミーティングなど、部下との会話以外で日々のコンディションを把握する方法としては、表情や声色といった非言語コミュニケーションに注意を払うことも重要です。

しかし、直接本人に「大丈夫？」と尋ねると、人によっては状況を隠して「大丈夫です」と答えることがあります。それが予想される場合は、周囲の同僚に「最近○○さんは元気がなさそうに見えるけれど、どう思う」と聞いてみるのもよいでしょう。

また、これはあまりおすすめしませんが、私は部下を含むメンバーのコンディションやエンゲージメントを把握する手段として、社員のSNSを見ていました。これは決して「何か悪いことをしているのではないか」などと検閲していたわけではなく、更新の頻度や内容を気にしていたのです。定期的に投稿していたのが急に止まったら、「何か変だな」とすぐわかります。これも人によっては「安田さん、見ていたんですね」と迷惑がられるかもしれないので、慎重に活用してください。また同じようなポイントで、会議中の発言内容や態度、頻度にも注意を払っていました。

いずれにしても、体調不良や疲れている状態では、仕事でもよいパフォーマンスを出せません。無理をして出勤しないといけないような環境をつくらないのが最優先です。「出るなら働く。働けないなら休む」という明確なスタンスを示し、部下が必要に応じて出退勤を決められるように配慮しましょう。

マネジャーは、成果責任の追求と同時に、部下の健康管理にも気を配る必要があります。業務量の調整や休暇取得の推奨など、具体的なサポートをおこなってください。

②上司も自己開示する

相手のことを聞き出していくには、自分自身のことを相手に伝えることが大切です。人は、自己開示してくる人には心を許し、情報を提供しようとしてくれます。

上司といえど、一人の人間。毎日調子がよいわけではなく、日によって元気のないときもあれば、どうしようもない弱点もあります。それを隠したり、取り繕ったりするよりも、弱い面も含めた自分というものを、ある程度開示しましょう。

上司が自身の弱みや課題を正直に（honest）話すことで、部下は心を開きやすく、本音を話しやすい雰囲気になるのです。

③雑談ができる空気をつくる

部下との良好なコミュニケーションを築くためには、共通の話題を見つけることが重要です。相手の趣味や関心事を知っておくことで、会話のきっかけをつくりやすくなります。

一方、結婚や恋愛などのプライベートかつデリケートな話題に不用意にふれることは、女性、男性共に御法度です。相手に不快感を与えないように配慮してください。とはいえ、仕事とプライベートの切り分けが意識されている現代は、雑談ひとつでも気を遣います。そんなとき、グローバルカンパニーでは、音楽や文学、歴史などの教養（カルチャー）を、世代を超えた共通の話題に置いていたような記憶があります。

さまざまな国籍の社員が働く外資系企業では、その国の、あるいは社員の出身国のカルチャーがたびたび話題になります。英国出身なら誰でもシェイクスピアについてある程度は語れるし、「マサ、葛飾北斎はどうして90回以上も住まいを変えていったの」など、赴任国のこともしっかりと勉強しています。

違う出自や言語の人間が集まってくるわけですから、共通の話題がそれしかないとも言えますが、大人としての会話に耐えうる当然の教養が身に付いていることが多いのです。基本的に週刊誌やネットニュース程度の情報しか得ていないようでは、カルチャー・教養に基づいた会話ができません。または、陰口やウワサ話など、低俗な話に終わってしまうこともしばしばです。

少なくとも、部下のほうが自分に合わせるようなことがないようにしたいですね。

④飲み会をフィードバックにカウントしない

職場で元気がなさそうな部下がいるので、今度飲み会に誘って元気づけたい。アルコールが入って気持ちがほぐれたら、いい話ができるのではないか。

いわゆる「飲みニケーション」の効用を期待して、部下に声をかけることもあるでしょう。

何もしないよりはよいことですが、結論を言えば、業務上の必要なコミュニケーションを飲み会に頼ることは止めたほうがいいです。

近年は「飲まない」という人も増えています。実際に、社会人の3人に2人は、飲みニケーションは「不要」と答えている調査もあります。

アルコールが入った状態で話すのは、信憑性と説得力に欠けます。また、相手にきちんと伝わらないことがほとんどです。

誘われるほうからすれば、大事なことはオフィスで聞きたい。「部長、そういうことは飲み屋で言ってください」なんて言う部下の発言を聞いたことがありません。「細かいことは酒の席で」というのは、「言いにくいことを酔いに任せてちょっとカジュアルに言いたい」という、伝える側の勝手な都合に過ぎないのです。「自分も思いきって言ったし、何となくふんわりと親睦を図れただろう」と、誘った上司のほうが満足しているだけに終わっていることがほとんどでしょう。

実際に、「今期のパフォーマンスが悪いために、このままだと一緒のメンバーで仕事ができなくなるよ」というような大事なことを酒の席で伝えて、部下にちゃんと伝わったケースを私は見たことがないです。

男女差や、お酒が飲める、飲めないといったことで、コミュニケーションの質が違ってしまうのは、部下にとって実に不公平です。懇親会、イコール夜の飲み会という「昭和型」のモデルから脱却して、「それならランチでも」「なんなら朝食会では」と、アップデートしていってはどうでしょうか。

⑤「ゆるい」職場風土にしない

部下がモチベーション高く働くことができるよう、働き方や勤務の仕方に柔軟性をもたせることは大切ですが、それは、規律をゆるくすることとは違うものです。「すぐ休む」「気軽に遅刻する」などの風潮が職場に根付いてしまうと、解消するのにかなりの手間がかかります。

組織風土が崩れる大きな理由のひとつに、勤怠管理があります。社員が気軽に休暇や遅刻の連絡ができるような雰囲気をつくらないように留意しましょう。そのためには、「必ず電話連絡をすること」など、安易な欠席連絡を防ぐためのルールを設定します。

最近は、Chatwork や Slack などの「非同期ツール」を使う職場が増えました。それらは確かに便利ですが、リスクもあります。

気軽に連絡できるからといって、「遅れます」「休みます」などという勤怠連絡まで許容してしまうと、それがまたたく間に職場全体の意識や行動として認知され、浸透してしまうからです。

そして「この職場では遅刻していいんだ」「休むときはこれでいいんだ」という「組織内世論」ができあがってしまいます。

ゆるい職場にしないために、職場の責任者は適切な運用方法を検討する必要があります。

Chapter 2

チームを導くフィードバック

Leading Your Team with Effective Feedback

シーン1　チームでのふり返り「AAR」

AARとは何か

AAR（After Action Review）は、プロジェクト終了後にチーム全体でふり返りをおこなうことで、チームの成長と組織全体の学びを促進することを目的とするものです。

これはもともと、アメリカ国防省の軍を率いる将校・兵士に効果的な反省を促すためのプログラムとして開発されたメソッドです。

AARでは、何が実際に起こったのか、それはなぜかを認識し、そこから何が教訓として学べるか、検討できるかをふり返って、同じ環境で同じ失敗を繰り返さないためのフィードバックをシステム的におこないます。

「なぜそうなったのか？　なぜそうならなかったのか？」という問いかけを繰り返すことで、問題の本質に迫り、再発防止策を導き出していきます。

AARに限らず、最終的にふり返って総括しようとする動きは、外資系企業の風土として根付いています。

日本だと、事業計画の発表だけは勢いよくやるけれども、ふり返るという習慣があまり根付いていないように感じます。それどころか、まだ終わっていないのに尻すぼみになっていくこともあります。

AARの構造は、1on1と似たものです。プロジェクトにおいて、①計画通りできたこと、②計画通りできなかったこと、③想定外の出来事、の三つを洗い出し、それぞれの原因を分析していきます。

おこなうのは、通常業務よりも関連部署や関連する人が多い重要なプロジェクトをおすすめします。たとえば「人事制度改定」や、「ミッション・ビジョン・バリューづくりプロジェクト」、「新製品／サービスの開発」などのようなレベルです。

年度の初めにおこなうキックオフミーティングや、1年間をふり返るイヤーエンドレビューなどの場でおこなうこともおすすめです。ここで得られた学びや気付きは、チーム内や他部門との結束を深めたり、仕事のやり方の参考になったりするので、非常に有意義です。

AARファシリテーション（レビューを円滑に進める）の手順

①目標の確認

今回のタスクで何をしたかったのか、どんな成果物や影響をねらったのかを確認します。

・最終的にどんなものをつくりたかったのか

・最終的にどんな風景が見たかったのか
・最終的にどんな印象を与えたかったのか

について全員で列挙していきます。

②結果の分類

結果について、次の三つに分類しながら全員で列挙します。

・計画通り、予定通りにできたこと↓挙がってくるのはポジティブなことが多いです。
・計画していなかったのにできたこと、予想外に起こったこと↓ポジティブなこととネガティブなことの両方が想定されます。
・計画していたのにできなかったこと↓ネガティブなことが多いと予想されます。

③原因の分析

分類したことを見て、それぞれの原因を探っていきます。「ある人が期待通りの動きをしていなかった」「目論見が甘かった」「別部署からの情報提供が足りなかった」「働きかけが遅かった」など、さまざまな意見が出てくる中で気付きが生まれたり、チームの特性が明らかになったりします。

その結果を受けて、「次はこうしよう」という話し合いと「学び」の特定に続きます。

特別な資料や準備は必要ありません。私の場合は机を取り払い、椅子だけを残して座り、真ん中にホワイトボードを置いて進めるというスタイルを取っていました。また、付箋などを使うこともありました。

AARの過程では、責任の所在や原因の追究といった場面がどうしても発生します。そのため、信頼関係が不安定な組織ではメンバー間で非難合戦になったり、取り返しのつかない対立を生んだりするなどの大惨事になる可能性があります。

しかし、原因を明らかにしないことは、メンバーの成長機会のきっかけを失うことになります。したがって、AARをおこなうには、メンバー間の信頼関係がある程度のレベルであることが大前提となります。

AARは、個人の責任を追及する犯人捜しが目的ではありません。共有と気付きの場です。「そこが間違っていたんだよ」と当人を批判するようなネガティブな行動ではなく、「そうできなかったのには理由があるはず」と捉え、背景にまで踏み込んだ理解と分析をおこないます。

そして「次からは、こうできればいいね」と、ポジティブな結論にしていくことが大事です。

また、プロジェクトがうまくいっても、そうでなくても、結果にかかわらず実行します。

成功と失敗、どちらにも必ず原因があり、「何が良かったからうまくいったのか」「うまくいかなかったのはどうしてか」、その両方を知ることが必要です。

成功したときにこそ実行してください。得られる学びは、次の成功のエンジンとなります。

むしろAARの効果を最大化するためには、ファシリテーションが重要です。物事を俯瞰《ふかん》的に見られるマネジャーがファシリテーターを務めることで、チームを適切にリードし、メンバーの積極的な参加を促すことが可能になります。

このとき、マネジャーに期待されているのはリーダーシップの発揮です。メンバーの意見を聞いて「そうだよね」「それを採用しよう」「それは違うと思うよ」と取り仕切り、「今回の結果はこうだよね」と最終的な結論を導いて組織認知を与える。

これがマネジャーに期待される役割です。

AARを通じて得られた学びを、チームの強み・弱みの明確化、そして今後の行動指針の策定につなげていきましょう。

ディスカッションを成立させるには

日本人はもともと、ディスカッションが苦手だと言われています。しかし期待と実際との間にギャップがあることは、メンバー全員の前にきちんと共有して、そのうえで意見を出し合うべきです。

話し合いの際に私が使っていた投げかけの仕方は、「なぜ（ｗｈｙ）」です。「なぜ」と問いかけていくことで、根本的な原因や背景に近づいていくのです。

「なぜその方法をとったのか」「どうしてそれが最適だと思ったのか」。そうやって問いかけていくと、「前のやり方だと、時間がこれだけかかり、費用も多く必要なので、こちらがいいと思いました」とか「次に控えるプロジェクトに時間がかかりそうだったので、早くフィニッシュしたかったからです」など、部下がその行動や対策をとった背景や理由が徐々にクリアになっていきます。

また、「考えられるとしたら、他にどんな方法がとれただろう」という質問もします。

「Aを先にやって、Bを総務に依頼することも考えました」などと返ってきたら、「なるほど。なぜその方法をとらなかったんだっけ」と、「なぜ」の質問を続けていきます。

こうやってチームの強み、伸びしろと、今後参考にすべき行動の指針を共有していきます。

注意すべきは、さきほど指摘したように、信頼関係が築かれていない場合、この「なぜ」が叱責や批判と受け止められる可能性があることです。

日本人は、「なぜ」の質問が苦手です。言葉の中にいろいろなニュアンスを含めることができる日本語の特性もあるのでしょうが、「追いつめられる」ように受け止めてしまうのでしょう。

責めているつもりはないのに「すみません」と謝られたり、原因を知りたいのに「とにかく全然まとまらなくて」と、その状況だけを説明されたり。この繰り返しになることもあります。

前の話に続きますが、ディスカッションを成立させるには、お互いの信頼関係がしっかりと結ばれていることが前提となります。マネジャーには信頼関係と心理的安全性をバックに、いい雰囲気づくりが求められます。

自分の意見を言うためには、掲げられた会社や組織の目標や方針について、自分がどう関与しているかを把握し、自分のこととして捉える過程が必要です。そのためには、すでに決まっているものについてディスカッションすることはとても重要になります。

そうやって今のビジネスを具体的に理解して、自分がどう思うか、我々はどうしていかなければいけないか、意見を交換していくと、最終的には「わが社はどういう経営理念に基づいているのか」の理解にたどりつきます。

つまりディスカッションをすることは、自分たちのビジネスの本質、パーパスやミッション・ビジョン・バリューにリーチできるという効能をもつのです。

「うちの経営理念がメンバーに浸透していない」と嘆く声をよく聞きます。

しかし、ディスカッションをしていないのに、理解できるわけがないのです。

ディスカッションとフィードバックは、信頼関係が重要であることや、事実をもとに話し合うことが共通しています。ディスカッションができる職場は、メンバーのフィードバックもうまくいく職場です。両者は根底ではつながっています。

外資系企業でおこなわれている、双方向・組織的なフィードバック

日本企業と外資系企業のフィードバックの違いを説明します。

まずは構造面。日本企業では「制度」として運用することを重視しているのに対して、外資系企業にとってのそれは、どちらかというと「文化」。「フィードバックカルチャー」という習慣として社会の中に定着しています。最初に「フィードバック」というフレームを作って運用している日本と違って、フィードバックは生活の中のコミュニケーションのひとつとして存在しています。

次に、フィードバックの方向です。日本企業では一般的に、フィードバックは上司から部下へ、上部組織から下部組織に向けておこなわれるものと認識されています。

たとえば会議で、「今の話、意見はありますか」と聞かれても、上の役職の人が発言しない限り、誰も発言しないことからもわかりますね。

一方外資系企業では、フィードバックの方向に制限はありません。部下から上司へ、部門から部門へと、さまざまな方向に飛び交います。

J&Jに在籍していたときに驚いたのは、あるミーティングで、上級副社長（シニアバイスプレジデント）が話していることに、階級で言えば二段階下のシニアマネジャーが「○○さん、今の話、ちょっとチャレンジしていいですか」と対立する意見を述べたことです。

周囲もそれを止めることもしないし、副社長も「ああ、いいよ」と発言を受け止めていました。要するに、職位に関係なく、おかしいと思ったら手を挙げて発言し、ディスカッションするのも、フィードバックのひとつなのです。

シーン2　360度フィードバック

360度フィードバックとは何か

360度フィードバック（360度評価、サーベイ）とは、一人の社員に対して、同僚や上司、部下、他部署の人など、複数の視点からフィードバックをおこなうものです。

会社に対するメンバーの貢献度や働きぶりを上司が全て把握するのは限界があります。その人の本当の姿は、共に働くステークホルダーたちがいちばん知っているものです。

360度フィードバックは、当人が気付いていないことに気付かせることで、伸びしろを大きくしていく、能力開発の効果が期待できます。

フィードバックをする側の相手に対する指摘は、よいことばかりではありません。また、改善したほうがいいことを書くときには、相手を傷つけないように気を遣うし、骨が折れるものです。ですが、それを越えて届けたフィードバックは、上司からの一方向的な指摘よりも、ずっと心に刺さることが多い。

相手に「率直にフィードバックしてくれてありがとう」と言われて「言いづらかったけど、思い切って言って良かった」と思うことで、お互いに信頼関係が深まり、メンバー間の関係性の質が向上することにつながります。ですから、やらないことの合理的な理由はないと私は思っています。

顧問先のひとつ、ある伝統的なメディアの会社で360度フィードバックをおこなったときのことです。

その業界のありようは今かなり変化していて、インターネット動画や一般の人たちの投稿動画などが台頭すると同時に、コンプライアンス厳守の流れもあって、かつてのような大胆なことができなくなっています。

そんな状況ですから、みんな変わる必要を感じているのですが、果たしてどうすればいいのかがわからない。ひとまず、マネジメント研修の一環として360度フィードバックをおこなったところ、今までさんざん好き勝手やってきて、部下の言うことなんて聞かないだろうと思っていたマネジャーの方々が、意外にもナイーブで真摯な反応を返してきました。

「すごく反省しました」「こういうふうに思われているのがわかってよかったです」と、いかにもな「業界人」が真摯に受け止めてくれて、感激しました。切迫感をもって真面目に取り組む姿勢はとても素晴らしいと思いました。

360度フィードバックをする意味

360度フィードバックの目的は二つあります。

ひとつは**「評価の補完」**です。通常、人事制度としての「評価」というものは上司からおこなわれます。しかし上司が部下を見る目線は一方向のみなので、部下の良い面、伸びしろを十分に把握できているとは限りません。

また、仕事が非常に複雑化しているため、部下が現場でどういう成果を出して、どんな影響を周囲に与えているかまで、たとえ直属の上司であっても意外とわからなかったりします。

そこで、上司の一方的な目線による評価を避けるために、共に働く人たちからのフィードバックを得て、評価結果を正しくするための補完をしようというのがひとつ目の目的です。

二つ目は、**「気付きを促す」**こと。つまり育成の機会です。自分ではなかなか気付くことが難しい、自分の強みと伸びしろについて、日ごろ一緒に働く人たちからフィードバックをもらうことで、能力開発につなげるというものです。

日本では「360度評価」とも言われ、評価・評定の面が強調されていますが、もともとは社員の能力開発がメインです。フィードバックの本質である「期待されている姿と実際の姿のギャップを知り、それを成長機会につなげていく」ことを鑑みれば、やはり「評価」というよりもフィードバックが適切だと思います。

360度フィードバックは「リアル&シンプル」でよい

360度フィードバックをおこなうとき、多くの企業は外部のコンサルなどが作成したものを採用しています。それはそれで便利なものですが、ふだん使わない専門用語が出てきたり、読み解くのが煩雑なレーダーチャートで結果が示されたりなど、確かに体系的で説得力はあるかもしれませんが、理解するにはなかなかの手間と時間を要することも多いです。

たとえ学術的には整合性が取れているとしても、肝心の評価項目が自分たちの意図するものにフィットしていないと、十分に活用できず終わってしまい、本来の目的が果たせません。「組織共感性」「動機付け力」など、細目を示してくれるのはよいのですが、細かく分析されて、かえって結果がわからなくなってしまうことも少なくありません。

すぐに取り組むことができて効果が出るのも早いことを求めるなら、基本的には自社で作成した項目でよいでしょう。かつ、できるだけシンプルにします。

私がLUSH時代から始めて、今も多くの企業にすすめているのは、次の四つのフリーコメントです。

①あなたがこの方に期待することは何ですか。
②仕事を通じて感じる、この方の強みを教えてください。
③仕事を通じて感じる、この方の伸びしろを教えてください。
④この方のより良い成果と貢献のため、一言お願いします。

これを、記入ガイドと一緒に相手方に渡しています。

良い点は、戻ってくるコメントが仕事に即した非常にリアルなものであることです。

外部が作成した質問紙では、

「成長力：★★★☆☆」「チャレンジ精神：★☆☆☆」「自己効力感：★★☆☆☆」のように断片化した指標から読み取らなくてはいけないのに対して、フリーコメント式だと、

「前回の○○キャンペーン企画のとき、他会社とのコラボメニューを提案したいと発言があり、試作品も作って披露してくれたので、とてもわかりやすく、すぐに店頭展開ができました。達成への志向性がとても強いと思います」

というように、非常にリアルな、わかりやすいコメントで戻ってきます。これだけ具体的なフィードバックだと、メンバーの関係性の質の向上にも、大いに貢献します。

これくらいなら時間や工数を気にせずに、Googleフォームで簡単に作れます。

結果の受け止め方

フィードバックが返ってきたときもっともやってはいけないのは、フィードバックを受けたほうが「誰がこんなことを言ったのか」と、「**犯人捜し**」をすることです。

なぜなら、360度フィードバックの本質は、**書き手が誰かではなく、書かれた内容**にあるからです。

大事なのは、自分で「良かれ」と思っていた発言や行動が、他者にはどう映っているかを知ることです。繰り返しになりますが、自分の予想、自分が期待する相手の受け止めと、実際の受け止めには差があるのか。あるとしたらどんなことなのかを知って、今後の自分の能力開発に生かしていくのが目的になります。

360度フィードバックの記入者は「匿名」であることを前提に書いています。自分が誰かが上司に伝わらないという条件で書いていることなので、「誰が書いているのかが大事だから」と言って、一生懸命推理したり、人事に公表を求めたりするのは、そもそもお門違いです。

一方、自分はあまり気にしていなかったことでも、相手には非常に有用だと受け止められていることがわかるのも、360度フィードバックの良い点です。

私の、人事の仕事における信条は「逃げない、嘘をつかない、ごまかさない」なのですが、これはあるとき、上司がぽろっと言った一言です。とうの上司はすっかり忘れていたのですが、私はこの言葉が非常に心に残っています。

自分が覚えていないことを、その場にいた人から後で指摘されて「そうだったっけ？」と思った経験は、誰もがもっているでしょう。つまり「上司」である自分がしたことは、いいことでも悪いことでも、相手に非常に影響を与えているのです。マネジャーとして、それは意識してほしいです。

もうひとつ、自分の弱み、伸びしろを指摘されても、**マイナスに受け取らない**ことが大事です。強みと弱み、伸びしろは表裏一体。たとえば「慎重である」ことは、一方から見れば「リスクに敏感」と言われますが、裏を返せば「チャレンジに消極的」となります。強みと弱みは、ひとつのものを違う角度から見たときの言い方であって、本質的には同じ性質を表しているのです。

「無鉄砲」だからこそ「大胆」なことができるし、「頑固」だからこそ「流されずに」判断できる。今ある自分の特性を大切にして、強みをさらに伸ばせるように意識するとよいのではないかと思います。

指摘に対してこんな言い逃れはNG

自分にとって意外に思うフィードバックを受けたときにやってはいけないのは、それを「相手に原因がある」と、他責の方向にもっていくことです。

たとえば「シングルプレイヤーとして優秀なのはわかりますが、マネジャーである以上は、もう少し部下のケアに気を遣ってほしいです」というコメントをもらったとします。このとき、自分ごととして受け止めきれないマネジャーは、次のようなことを言います。

否定する：「確かに昔はそうだったかもしれませんが、マネジャーになった今は違います。これを書いた人は、今の自分を知らないと思います」

言い換える：「これね、実は私、わかっているんですよ。私はね、あえて部下の成長のためにやっているんです」

共通しているのは、「**自分はそうなっていないはずだ**」という思い込みと、「この人(部下)は**自分のことをわかっていない**」という誤認識です。

このようなマネジャーは、他に「経営方針をなかなか見せてくれない」「忙しそうで声をかけづらい」「仕事を抱えすぎている」「雰囲気が威圧的だ」「身体に気をつけてほしい」などの声が寄せられることが多いです。

そして、このような場合、そのほとんどは決してダメ上司ではなく、優秀なプレイング・マネジャーであることが多い。しかし、部下を含む周囲が期待する「マネジャー像」と、自身が考えているそれにギャップが生まれてしまっているのです。

たとえば「マネジメントとは縁の下の力持ちである」という理解のもとに、本来は部下がおこなうべき仕事を率先して肩代わりする。できるだけ残業させないように仕事を全部巻き取ってあげていたとします。

ところが360度フィードバックでは、部下から「うちの上司は仕事を抱えすぎです」と言われて「なんだ、お前たちのためにやっているのに、**自分をわかっていない**」となるわけです。

自分の期待と部下の期待が全くすれ違っている。このギャップがわかり、取るべき行動の指針に気付くことができるのが、360度フィードバックなのです。

シゴデキ上司の「罪」

「ビジネスパーソンとして非常に尊敬できる。よく働くし、セールスもすごい」。そんな「デキる」シングルプレイヤーがマネジャーに昇進すると、圧倒的な活動量で優良顧客の信頼も得て、周囲からの尊敬を集めます。

しかし、それが無条件に周囲によい影響を与えるかというと、必ずしもそうではありません。

部下から見ると、「仕事ができるすごい上司だけれど、いつも忙しそうで声をかけづらい。めちゃくちゃ働いて売上も出してくれるから、自分たちのために時間をつくってほしいなんて、とても言えない」となります。

いつもフロアをウロウロしていて、目が合ったら「どう?」と声をかけてくれるような上司であれば、ちょっとしたことも話しやすいけれど、「あの人は一生懸命仕事をしているから、手を止めさせては申し訳ない」と遠慮してしまうわけです。

そして最終的に、部下が「なかなかうまくいかない自分の仕事に対して、ずっとフラストレーションを抱えていたのですが、やっぱり今の仕事は自分と合わないのではないかと思うので辞めます」と申し出る事態が起こる。

人事による退職者インタビューで「上司と相談しなかったのですか」と聞くと、

「いやあ、だって○○さん、すごく忙しいじゃないですか。なかなかお話しできないんですよ」

「それは、上司の○○さんにも責任がありますね」

「いえいえ、○○さんは悪くないんです」ということになるわけです。

部下は、上司は一生懸命働いているから責任はないと思っています。しかし上司は、本来の責務であるマネジメントを十分に果たしていません。マネジメントを怠った結果人が辞めていくので、一義的な「責任」は間違いなく直属の上司にあります。

上司と部下の関係において、**上司が部下に気を遣うのが本当です**。部下に気を遣われた時点で、管理職としては減点です。

そんな上司を「仕事ができるマネジャー」とは言わないのです。

部下へ伝えること

360度フィードバックの結果は、受けた本人にのみ伝えられます。相談されない限りは、上司のほうから結果を見せるよう指示はしないほうがよいと思います。

ただし、フィードバックのレビュー終了後には、フィードバックコメントを寄せてくれた人全員にあててメールを書くようには伝えましょう。回答者への一斉メールで結構です。

内容は、次の3点です。

①今回のフィードバックでどんなことに気付いたか
②フィードバックを受けて、これから変えようと思っていること

③お礼

「皆さんからのフィードバックを受けて、①私が自分の仕事に注意を向けすぎるあまり、部下が何か困ったことがあっても、遠慮をして話しかけにくいと感じていることがわかりました。また、もっと定期的なミーティングやすり合わせの場を設けてほしいと思っていることもわかりました。

そこで、②今後はメンバーが業務の中で感じていることを直接聞く機会を、○曜日の定例会の後に設けることにします。また、客先への営業を一人で出掛けすぎないように、必ずメンバーと共に出向き、感じたことを聞きとるようにします。

今回フィードバックを受けてみて、自分で思っていることと、皆さんが思っていることが予想以上に食い違っていることがよくわかりました。③皆さんのフィードバックを重要な機会と受け止め、より良いリーダーシップを発揮できるように努めていきたいと思います。どうもありがとうございました」

フィードバックを受ける側の大変さに注目が集まりますが、フィードバックを送る側も、ふだん思っていることを伝えるのに骨を折っています。ですから、このようにきちんと謝意を示して「やってよかった」と思ってもらうことが大切です。

そして実際に、自分の行動を変えてみる。部下に「ああ、長谷川課長、少し変わったな。勇気をもってフィードバックして良かったな」と思ってもらうと、組織における関係性の質が一気に向上します。

「相手のために言ってよかった」と思えることは、フィードバックの文化を醸成するうえで、とても大事です。

相談されたときは

あなたの直属の部下である課長が、上司であり部長であるあなたに、自分が受けた360度フィードバックの結果をもってきて「こういうフィードバックを受けました。どうしたらいいでしょうか」と相談してきたとき、上司としてどう答えますか。私は

「なんでこうなると思いますか」と尋ね、原因を一生懸命考えてもらいます。

たとえば、「経営からの方針を着実に説明してくれ、部下の話もよく聞いてくれる」という項目のスコアは高い。しかし、「自分の意見を伝えている」という項目のスコアは、どのメンバーからも共通して低いとします。

おそらくこの課長は、「忠実に経営の方針を伝えなければならない」という強い責任感から、上からの説明をそのまま伝えているのでしょう。

しかし部下は、上の言っていることはわかるけれど、課長自身の考えを知りたがっていたりするのです。

自分がよかれと思っていることが、相手にとってはそう映っていないという例です。

自分の言動が相手にどう受け止められているか、その本質を「どうしてだと思いますか」と、一緒に掘り下げていきましょう。

また、フィードバックで受けたポジティブな意見とネガティブな意見の相関を見ていくと、アドバイスの方向が見えてきます。

「人間関係を重視するあなたは、それがうまくいっているときは、メンバーも仲良く快適に仕事ができます。しかし、それが良くないほうにいった場合、少しでも対立が生まれそうになると、それを避けようとして何となくもやもやした解決にもっていく。そんな傾向がありそうです。

必要な対立は避けず、多少ぶつかることがあっても、議論をリードするとよいのではないでしょうか」

と、長所と伸びしろは表裏一体であり、そのバランスを場面によって調節していくことを示せば、部下も自信を失わず、前向きに考えられるでしょう。

関係をよくするMore Stay Less・プチ360度フィードバック

もうひとつ、360度フィードバックと同じ手法で、より手軽におこなえる「More Stay Less」を紹介します。

これは、特別な準備を必要とせずに、その場ですぐにできる、いわば「プチ360

度フィードバック」です。また、内容を即座に公開・共有することにも特徴があります。新任や中途入社のマネジャーや、あまりうまくいっていないチームのマネジャーを対象に実施するのが有用ですが、在任が長くなっているリーダーに対しても効果が期待できます。

たとえば、ある部に着任して半年の新任マネジャー、サイトウさんがいて、今から彼（彼女）のMore Stay Lessを始めるとしましょう。ファシリテーターは、中立的立場である人事担当などが最適ですが、いない場合はサイトウさんの上司がおこないます。

最初に、対象となるサイトウさんはその場をいったん離れます。そして残ったメンバーから、More Stay Lessをそれぞれ聞き出します。

それぞれの意味は単語が示す通り、Moreは「足りないのでもう少しやってほしい」ということ。Stayは「良いところなので、そのまま続けてほしい」ということ。Lessは「正直に言ってよくないので止めてほしい」ことです。

この三つについて、ファシリテーターが意見を求め、ホワイトボードなどに書いていきます。挙げていくのは、Stay→More→Less の順番です。Stay から始めるのは、ポジティブなことなので、意見が出しやすいからです。

「とても責任感があって、課のやるべきことを明確に示してくれる」

「気づかいをしてくれて、常に部下の状態を気にして声をかけてくれる」

「今の業界の知識が非常に豊富である」

などと意見が出てくるでしょう。

次に More。「もう少しこうしてくれるといいかも」という意見。

「責任感があるのは良いけれど、もう少しうちのチームの利益代表として、上司と戦ってほしいかも」

「少しハードワークしすぎなので、健康管理に気をつけてほしいかも」

といったことが出てくるでしょうか。

最後の Less は、

「とても博学だけれど、よく知らない横文字をたくさん使うのは止めてほしいかも」

「みんなが自分と同じレベルだと思って、論文を読むのをすすめるのを止めてほしいかも」

……など、ひととおり意見を出し合います。ちなみにMoreとLessを列挙する際には、必ず文末に「かも」をつけてソフトにしてください（これはサイバーエージェントの人事責任者である曽山さんの教えです）。

自由に意見を出し合うのですから、もっと多様なものが出てくるかもしれません。

そしてファシリテーターは、これらの意見を集約していきます。似たような意見は「これとこれは同じことを言っていますよね」とまとめ、やや厳しかったり難しかったりする表現のものは「このままだと、サイトウさんには伝わりにくいでしょう。こういう表現にしましょうか」と吟味をします。

まとめたところで「では、これで全部ですね」と確認をとり、本人に来てもらいます。それぞれの意見はファシリテーターがまとめているので、誰が述べたものかはわかりません。また、トップマネジメント自らが、360度フィードバックに取り組もうという真摯な姿勢は、組織に必ずやポジティブな影響を与えます。

ファシリテーターは「このような意見が出ました。では、ひとつずつ見ていきましょう」と、個々の意見について考えを聞いていきます。メンバーも、耳を傾けます。

ファシリテーター「どう思いますか」

サイトウ「これは全然気付きませんでした」「これは私の完全な誤解ですね、ごめんなさい」「これは、こういう意図があっていつも言っているのです」

と、話を聞いていくうちに、

「サイトウさん、それは私が言ったことなのです」と、メンバーからのリアクションが直接返ってきたりします。すると、

「そうですか、なるほど。だったらわかります、こうやっていきましょうか」

「はい、そうしてもらうと、もっとお手伝いできます。ありがとうございます」

など、自然に関係性の質が良くなっていくのです。

このアプローチはアシミレーション（融和、同化）ともいいます。公開版360度フィードバックは、マネジャーとメンバーの相互理解を深める、またとない方法です。

360度から「逃げない」

360度フィードバックは、絶対にやるべき取り組みです。部や課だけの話ではなく、トップマネジメントも含めて全社的におこなうべきでしょう。

「何を言われるかが心配だ」という不安は誰にもあるものとしても、そこに耳を傾けないというのは、一人ひとりの気持ちに配慮していないという証拠でもあります。

心にインパクトがあることを突きつけられるのは、確かに大変です。しかし、リアルな言葉でマネジメントの質の改善を求められるこの機会を避ける、合理的な理由は見つかりません。

「うちの会社には向いていない」というのも言い訳です。1年に1回、全ての管理職層は全社的な取り組みとしてやるくらいの心づもりでいてほしいです。

自分の360度体験

かく言う私自身も、かつて印象的な360度フィードバック体験をしました。

当時、フィードバックに参加した8人中6人から、「必要な対立を避けている」という指摘を受けたのです。大変ショックを受けました。

仕事は一人きりではなく、いろいろな部署、関係者とで成り立っています。立場によって当然、やることも違うし、部署によって利益相反になることも、よくあります。そのとき、対立を避けずに議論を交わして乗り越えていかないと、仕事の本質にまでたどりつくことはできません。「これはAだ」「いや違う、ここはBだ」と議論を戦わせることで、一時的には対立しても、最終的にはお互いの理解が深まり、信頼性が向上するのです。

しかし私はその当時、「とにかく人間関係を悪化させてはいけない」と思いすぎて、必要な対立を経て本質に近づくようなところまで、メンバーをリードできなかった。

「まあまあ」と、玉虫色の解決をしたがっていたし、それがプラスに働くと思っていました。

フィードバックを受けたときには、「ええっ」と意外に思いましたが、結果を見て「そうか。やはり、対立を避けてはいけないんだ」と痛感しました。

それからは「本質的な議論からは逃げない」ことを心がけて、むしろ率先して取り組むことを常に意識の片隅に置いています。

Chapter 3

シーン別「世界標準のフィードバック」実践編

Practical Applications of World-Class Feedback

シーン1　ローパフォーマーへのフィードバック

ローパフォーマーをそのままにしてはいけない理由

ローパフォーマー、低業績者と向きあうことも、マネジャーとして避けては通れない仕事です。

大前提として、絶対に放置してはならない。なぜなら、いいことはひとつもないからです。低業績者がいると、上司、その上の上司、部下、同僚、会社、ブランド、顧客、株主、家族、そして本人、全てに影響が及びます。

「定年まであと2年だからこのまま穏便に過ごしてもらおう」「あと2年で異動にな

ローパフォーマーへのアプローチ

- 期待と実態のギャップを明確に示す。
- 「低業績者（＝低貢献者）」であることを自覚させる。
- 先送りにしない。異動や退職を待たない。
- 言いっ放しにせず、改善をサポートする。
- 対応を記録に残す。
- 人事や上司を巻き込む。
- 「評価が悪ければ処遇は変わる」という規定に基づき、実行する。

るから、いなくなるまで我慢して」といった時間稼ぎも無意味です。時間は有限で、社会は日々激しく変化しています。ビジネスにおいても人生においても、「たった2年」ではないのです。

果たして異動しても、その先で同じことを引き起こすなら、たらい回しにしただけ。何も解決していません。

一般的に、外資系企業はすぐにクビを切ると言われます。確かにそういう一面はあります。

ですが、業績が振るわない社員に対して社外での活躍を提案する場合には、しっかりと手順を踏みます。

1年目。まずは「あなたは低業績者です」と、期待と現実のギャップを示します。

ほとんどの低業績者は、実は自分がそうだと思っていません。基本的に、「自分は一生懸命やっている」と思っています。

仮にそうだとしても、低業績者であることに変わりはありません。

なぜか。貢献度が低いからです。低業績者は低貢献者とも言えます。

次に、どうしたら来年は業績を上げられると思うかを尋ねます。

「あなたの強みはこういう所ですよね。そして伸びしろはこういう面でしたね。以前はこんなこともできましたよね。そこで来年はこういうことをやってほしいんです。そのためには、こういう強みを生かせますよね。

上司として、私に何をしてほしいですか？　どうですか、できますか？

できる？　では、来年もがんばりましょう」と約束します。

そして2年目。「去年こういう目標を立てましたが、できませんでしたよね。もう一度ふり返ると、あなたの強みはこういう所で、伸びしろはこういう点ですよね。そうしたら、今年はこういうことをやってみてはどうでしょう？　これならいけそうですか？

いける。では、今年はがんばりましょう」

このようなフィードバックを2年、3年と繰り返します。そして初めて、「お互い一生懸命やりましたが、成果が出ませんでしたね。ということは、あなたはやはり、この会社には合っていない。この会社で成果を出すのは難しいと言わざるを得ません。サポートをしますから、社外に活躍の場を求めたほうがいいのではないですか」という話に移っていきます。

これは「できなかったからクビを切る」ための手順ではありません。低パフォーマンスに陥っている人の改善をサポートし、取り返しがつかないことになる前に救うマネジメントです。

「クビになるのでしょうか」という質問に対しての回答はこうです。

「会社からあなたを解雇する（会社から一方的に労働契約を解除する）ことはしませ

ん。ただ、あなたの仕事ぶりは当社で働くべきレベル・内容ではないと考えられます。したがって、その事実を説明しています。

ですから、来年がんばってくれればよいというお話で、それを約束してほしいのです」

このような一連のコミュニケーションを、外資系企業では「パフォーマンス・インプルーブメント・プラン（ＰＩＰ）」といいます。もともとは社員の業績改善のためのプログラムなのですが、日本企業に普及していくうちにいつの間にか、合法的にリスクヘッジをして退職に追い込むという、リストラの道具として理解・運用されるようになりました。しかし、その本質はあくまでも「改善」です。

私の目から見ると、日本企業は、低業績者の業務改善についての努力が極めて足りないように映ります。

「日本では海外のように社員を解雇できないから」と言う人がいますが、解雇規制があることと、低業績者に手を尽くさないというのは別の次元の話です。

日本ではなぜか、解雇できないから低業績者に正面から向きあわないという図式になっています。

低業績者になる可能性は、実は誰もがもっています。しかし、好きこのんでなるわけではありません。

ある仕事でコミュニケーションがうまくいかなかった、取引先とちょっとしたことがきっかけでトラブルになった、引き継ぎが充分でないまま前線に立たされた。そういったいくつかの要因が運悪く重なったことで、がんばりが空回りして、うまくいかなくなってしまうのです。

また、低業績者はある日突然「爆誕」するものでもありません。信頼関係がある環境のもとで日ごろからフィードバックできていれば、現状と期待の間のギャップが共有でき、改善のきっかけを促すことができたはずです。

「うちの部署はみんな優しいから、今まで言わなかった」というのは、優しさでも何でもないし、ましてやいい環境でもない。本来の役割から誰もが逃げた挙げ句の、「ユルく残酷な」職場です。

低業績者にいかに向きあうかは、あなたのマネジャーとしての信頼度を左右します。あなたがどのような対応を取るか、部下や周囲の人は見ています。正面から対応すれば、マネジャーとしての信頼度は大きく上がります。

逆に、向きあうことから逃げたりしたら「結局あの人も、○○さんには本当のことが言えないんだよね」と、信頼は大きく損なわれるでしょう。

マネジャーとしての責任を果たすという意味で、低業績者にきちんと向きあうことは非常に大事なのです。

なお日本の法律では、労働者（社員）が転職するなどして労働契約を一方的に解除すること（自己都合退職）は可能ですが、労働契約を企業から一方的に解除すること（解雇）は一部のケースを除いてほぼできません。つまり、貢献度が低いことを理由に社員を解雇することは実質的に不可能です。

その一方で、会社が「辞めてもらえないか」と（強要にならない範囲で）申し出をして、労働者が「わかりました」と、それを受け入れて、合意によって労働契約を解除することは合法です。退職金を割り増しして「早期退職優遇」などの形でおこなわれるリストラのほとんどは、この合意解約によるものです。

「働かないおじさん」には、リスキリングではなく「棚卸し」が必要だ

周囲の期待に反して、役割や行動が伴っていない中高年の男性社員を、一部で「働かないおじさん」とか「妖精さん」などと呼ぶ空気があります。

ベテランで社歴も長く、過去になにか業績を上げたことがあるらしい。けれど、当時のことを直接知る人はいない。年上だから「働いてくださいよ」とも言えず、みんながなんとなく遠巻きに「あの人、一体何をしに来ているんだろう」と見ている。こんな状態ではないでしょうか。

彼らはおそらく50代中盤から後半の、私とほぼ同じ世代だと思います。少しふれましたが、当時の私たちは「雇用と報酬」の関係についてほぼ同じ概念で理解していたと思います。

つまり、「若いうちは死ぬほど働け。給料は最初のうちは安いけれど、ある年月まで到達すると、労働と給与の額とが交差して、年功によって給与は上がっていく。だから四の五の言わずに働くんだ」と言われてきたわけです。

ゆえに、働かないおじさんの言い分としては「俺は若い頃は馬車馬のように働いてきたし、若いときに見てきた上司と同じことをやっているだけだ」というところでしょう。

今はそんな時代はとっくに過ぎているのですが、人は心地よい領域からは出たくないもの。現実からは目を逸らして、「自分は悪くない」と思っている人が多いのではないでしょうか。

このような方たちのほとんどは、自分のキャリアを客観的に見つめたことがありません。

仕事を通じて今まで培ってきたのはどんなことで、職業人としてどうありたいと思ってきたか、過去の実績や資産に目を向けていない。気付いてすらいないでしょう。

おそらく、一度も転職活動をしたり、職務経歴書を書いたりしたこともないはずです。そして「この会社で30年、同じ仕事しかやっていないし、今さら転職なんかできるわけがないだろう」と、開き直っている。

DX（デジタル・トランスフォーメーション）の進行による事業構造の変化も相まってこのような人たちを対象にしたリスキリング（学び直し）が注目されています。このリスキリングを効果的なものにするためには過去の自分の成功体験を思い出したり、職務経歴書を書いてみたりして、仕事へのエンゲージメント（仕事に対して自ら貢献しようという意欲をもち、主体的に取り組んでいる状態）を明確に認識することが重要で、それをしない限り、いくら費用をかけても、効果は薄いでしょう。

長期雇用の世界に生きている人は、今この仕事が自分と組織・社会にとってどんな価値をもち、将来にどうつながっているのか、意識する機会に恵まれていません。

しかし、今の自分を常に俯瞰的な視点で見て、将来やりたいことや進みたい方向を認識すれば、パズルのピースを埋めるように足りない部分を補って仕事をしていくことができます。

自分のキャリアを棚卸しして、強みや弱み、隠しもっていて気付かなかった「武器」をもう一度見直してほしい。そうすれば、その武器が再び使えるようになるかもしれない。

まだ希望はあります。

シーン2　部下同士のトラブルへの対応

社員に対する「私刑」はない

部下が、通常のマネジメントを超える重大な過失や損失を出したときは、基本的には就業規定に則った懲戒規定に従います。「ここだけの話に収めておこう」と判断するのは間違いです。

というのは、社員に対する懲罰は、上司が自身の判断で下すものではなく、規定に従って組織的に討議して決定するものだからです。「減給だ、始末書書いてこい」などということを勝手にやってはいけませんし、そもそも違法であり無効です。まずはここをおさえてください。

人間関係のトラブルにおいて、マネジャーとして大事なのは、当事者同士のコミュニケーションの橋渡しをすることです。これは職場でセクハラやパワハラの問題が起こった場合に、人事担当が取る手法です。

まずは当事者（の片方）であるAさんに話を聞き、「こういうことをした。それはこういう意図があったから」と、その言い分を記録します。

次はトラブルのもう一方の当事者であるBさんのもとに行き、「Aさんはこういうことを言っているけれど、事実ですか」と聞きます。そして「これは事実ですね。これもそうですか。これは誤解なんですね」と、一つひとつの言動に対して確認をとります。

さらにAさんに「Bさんはこう言っていますが、どうですか」と聞いていく。Aさんは「ああ、これは確かにそうです。これは僕が悪かったです」などと答えていく。

私はこのやり取りを「往復書簡」と呼んでいます。

どちらか一方に肩入れせず、お互いの意見や考え、そこに至った背景などを聞いて橋渡しをしていくと、トラブルの本質が見えてきたり、お互いに歩み寄る部分も出てきたりします。

マネジャーとして、こういうバランスをとっていくといいと思います。

「チームなんだから全員仲良く、うまくやろう」というのはありますが、トラブルが起こるのには、必ず原因があるはずです。マネジャーとして、そこに手を伸ばすことは必要です。

見ない振りをしたり、放っておいたりするのはいちばん良くありません。先送りしないで、責任をもって取り組みましょう。

部下のプライベートは看過すべきか

トラブルの原因が部下のプライベートに関するものだった場合、そこまで立ち入ってよいかどうか、躊躇するところでしょう。

結論から言うと、業務に大幅な支障をきたすような場合は、たとえプライベートでも看過するべきではありません。

やや労務管理的な視点になりますが、たとえば会社の飲み会で起こったトラブルは、たとえ業務時間外であっても、基本的には業務の延長として捉えられます。

休日に部のみんなでバーベキューをした。その席でかなり酔っ払った人が女性社員に絡んで不愉快なことをした、あるいはケンカが起こって同僚を罵倒した。このようなケースは、職場の人間関係がベースとなって起こったことですから、問題化される対象になります。

うやむやにせず、人事担当や会社の顧問弁護士などに相談してください。

シーン3　ポジション異動でのフィードバック

自分の言葉で見解を述べよ

私自身は、日本企業から長い間離れているので、異動の経験はだいぶ昔の話になりました。

その頃はいきなり東北支社に単身赴任、などという辞令が下りて、2週間以内に引っ越しなどというサプライズ（思わぬこと）なケースもありました。今はどうでしょうか。

人事異動のプロセスやコミュニケーションのルールは会社によってさまざまですが、

「上司」として部下に伝えてほしいのは、会社がどういう意図をもって異動させるのか、その理由や背景、そして、上司としてあなたが部下にとってのこの変化をどう理解するのかということです。

「どうして東北支社なんですか」と部下に聞かれて、

「きみは九州出身だよね。東北もいいところだから、一度くらいは住んでみたらいいよ」とか「長い人生、そんなこともあるよ。向こうは魚も米もうまいから、楽しんできて」といった宥《なだ》めるような発言だけでは、部下の成長について何も考えていないことが伝わります。ましてや「会社が決めたことだから自分はわからない」などと流すのはもっての外です。

「最近退職者が相次いだし、新規のお客を獲得できる人がほしいという要望もあって、あなたの実績が買われたのではないかな」や、

「私も経験があるけれど、本社では見えなかった支社の事情がよくわかって、勉強になったよ」など、自分の見解を自分なりの言葉で伝えてください。

あってはならないことですが、万が一「これは」と思う異動であっても、変化は成

長の機会だと、部下が前向きに捉えられるような言葉を探してほしいです。

過去の日本の人材マネジメントの第一義は、社員のエンゲージメントを向上させるものではなく、会社のニーズに合わせて人材を配置する、リソース・アロケーションでした。

「適材適所」などと言いますが、そこに社員の視点はなく、あくまで会社の視点のみから見た言葉であって、「会社にとって適切な人材を、会社が適したと判断した場所に配置する」という意味です。

なんとも都合のいい話ですが、かつては「ここで我慢すれば、後でそれなりのポジションにつくことができる」という長期雇用の前提があったからこそ、社員は自分の意思を殺して従っていたのです。その約束が社会構造的に不確実になっている今、若い社員に同じことをやろうとして、一体誰が言うことを聞くでしょうか。きっと、誰もいないでしょう。

「なぜ、あなたなのか」期待を伝える

昇進を告げるときも、異動のときと同じです。大事なのは、「なぜ、あなたなのか」をきちんと伝えることです。

昇進しても、そこで終わりではありません。より大きな責任を任せられるということは、今までやってきたことが認められて、新しい責任を遂行できるだろうと期待されたからです。

「新しい部署（役職）ではこういうことが期待されています」と正確に伝えるのは難しい場合もあるでしょう。しかし、なぜあなたが任命されたのかということと、あなただからこそ、こんなことが期待されているということ、理由と期待の二点をしっかり伝えてください。

「あなたの去年のプロジェクト遂行と、その後の組織統合。これもうまくやったし、強いリーダーシップが認められたから、課長に昇進したのですよ。よかったですね。

ただ、これからは新しい責任も生まれてくるし、ここで立ち止まることなく、がんばってほしいです」

と、あなたなりの言葉でしっかりとフィードバックしましょう。

なお会社によって意味づけは違うかもしれませんが、昇進は「ごほうび」ではありません。

長期雇用・年功型の会社では、昇進したとき「今まで苦労してきたけれど、やっと部長の椅子にたどりついた」という気持ちになって、すごろくで言う「あがり」の状態になりがちです。しかし、これではもう、職業人としての成長が終わってしまいます。いかに生きるかではなく、ポジションをめざすことがキャリアの目的になっているからです。

シーン4 こんなときどうする？ 部下のタイプ別フィードバック

ここでは、部下をタイプ別に見たときのフィードバックの方向やヒントをお伝えします。いつもの職場を思い出して、当てはまることや活用できそうなことが見つかったら、そのまま、あるいは適宜アレンジして使ってください。

タイプ1 指示待ちの部下なら

上司「内的管理・外的管理という言葉を聞いたことがありますか」
部下「いいえ、ありません」
上司「そうですか。内的管理とは、独立心が強く、独自の目標を掲げて自ら行動を管理するタイプ。そのような状況のほうが、いい仕事ができる。外的管理とはその逆で、外部からの規則や決まり、枠組みや手順が与えられていたほうがパフォーマンスがいいという状態です。

どちらがいいとか悪いとかいう話をしているわけではないのです。あなたは、多分外的管理の傾向が強いと思いますが、どうですか」

部下「そうですね……どちらかというとそうだと思います」

上司「そうですよね。しかしうちの会社は内的管理ができる人を求めている感じがあるし、私自身もそのタイプです。ですからどちらかというと、誰かからの指示を待つよりは、自分の中で、次はどうしたらいいかを考えて、先に動き出したほうが、仕事のやり方としては、よりフィットすると思いますよ」

世界標準のフィードバックのコツ

私が、他人に助言やアドバイスをするときに心がけているのは、その人自身を対象にした言い方ではなく、**一般論としての言い方に直して言う**ことです。

誰だって「あなたのここが悪い」「あなたは〇〇だから」と、耳の痛いことを自分に向けて言われるのは、いい気分とは言えないでしょう。タイプによっては「それって、あなたの主観ですよね」とも言われかねません。

そこで、「よく、世間では〇〇というけれど」「そういえば、〇〇の例は……」と、一般的な話題として持ち出すのです。

伝えにくいこと、言いづらいことは、「一般論」という迂回路を通すことで、同じ内容でもソフトに伝えることができるようになります。

タイプ2　完璧主義の部下なら

上司「一般的に見て、あなたは完璧主義者ですね」
部下「そうですか、自分ではまだまだだと思います」
上司「最後まで、細かいところまでちゃんとやってくれるのは、あなたの強みです。たとえば今回のプロジェクトでのチャーターも、あそこまでできるのは、あなたしかいないと思います。私だったら、あそこまで徹底できないです。

ただ、いつも言うように、強みと伸びしろは表裏一体です。一般的に、完璧をめざす人は、ものごとを慎重にやろうとして時間がかかる傾向が大きいですよね。ですから次は、時間内に終わらせることを目標にするといいですよ。そうすると、仕事の完成度がもっと上がりますよ」

世界標準のフィードバックのコツ

ここでも、部下の特性を一般論に置き換えて、直接的ではない指摘の仕方をしています。

また、**ポジティブな面を最初にきちんと指摘してから**「でも、良い面がいきすぎるとネガティブな要素に転じてしまうことがある」と伝えて、行動の**バランスをとる**ことを示していきます。

ポジティブ面を褒める↓表裏一体のネガティブ面を示唆する↓バランスを保つための行動の変容を促す。

この方法をいくつかの例で用いてみましょう。

タイプ3　協調性重視の部下なら

上司「あなたのように、みんなとうまくやれる協調性があるのはすごくいいことです。部のメンバーも、あなたがムードメーカーの役割をしてくれるので、今進行中の難しい案件もスムーズに進めることができています。

しかし時折、それぞれの意見を出し合って議論をすることが必要なことがあります。そのときに自分の意見を出さないでいると、この間のミーティングのように、みんなで悩む時間が増えてしまいますよね。

私も対立することを避けたいタイプなのですが、やはり、多少対立があっても議論は必要です。ですから、おかしいと思ったことは遠慮せずに、「おかしい」と発言してもらいたいです。

あなたのはたらきもあって、みんな信頼関係ができています。あなたの意見でリスクを避けることもできるわけですから、自分の意見をしっかりと表明してみてください」

世界標準のフィードバックのコツ

ネガティブな面に言及する際には「私もそうなんだけど」「私もなかなか実現できていないのですが」など、**「あなたを責めているわけではない」「あなただけができないのではない」**という言い回しを使うのも、抵抗感を減らすひとつの技術です。

タイプ4　論理的思考の部下なら

上司「あなたがいつも論理的な指摘をしてくれることで、うちの課ではロジカルな議論ができていて、プロジェクトの進行もとてもスムーズです。用意してくれる資料もわかりやすいし、みんな思いつきで意見を言っていても、しっかりと軌道修正してくれて、ディスカッションの質もとても高いです。

ところで、論理的思考がうまい人は、合理的なあまりに、感情的な部分の意識や配慮が微妙に足りないこともあると思いませんか」

部下「そうでしょうか？」

上司「たとえばイーロン・マスクは、あんなに素晴らしい実業家なのに、時々誤解されるような発言をしてしまうことがありますよね」

部下「ああ、確かに！　もっとうまく言えばいいのにといつも思います」

上司「そうですよね。いろいろな立場の人がいるので、言い方で損をしていますね。どうやったら、もっといい伝え方ができるでしょうね」

部下「もう少し……なんだろう、他の人がわかるまで待つとか。そういえば、大統領選の応援演説に、ハルク・ホーガンという有名なプロレスラーが出ていて、インパクトがありました」

上司「壇上でTシャツを破っていましたね（笑）」

部下「あそこまでやる必要はないけれど、見せるような要素も意識したら、もっと伝わるかもしれませんね」

上司「いいですね、意識するだけでも変わりそうですよ」

世界標準のフィードバックのコツ

一般論をベースに話題をもっていき、具体例を題材に対策を出し合います。**表だって部下を批評するのではなく、あくまで一般論として共に対策を考えていく**ような姿勢でいくと、いろいろな案が出てきそうです。

タイプ5　感情表現豊かな部下なら

上司「あなたの発表はいつも熱が入っていて、メンバーの注目が集まりますね。積極性を発揮しているということですから、とてもいいことだと思います。感情を伝えることで、相手にも切迫感やリアリティが伝わるし、あなたの価値観もみんながわかっています。先日のプレゼンは特によかったです。

半面、感情は人の心を強く動かすものですから、感情豊かに反応すると、周りもそれに引っ張られてしまう面もあります。たとえばあなたはこの間のディスカッションでだいぶ声を荒らげましたけれど、私の目から見たら、あれは少しトゥーマッチでした。

感情を込めることはあなたの良い面でもありますから、グッと気持ちがあふれそうになったときには、3回深呼吸して、少し落ち着いてから発言するように心がけるといいのではないでしょうか」

世界標準のフィードバックのコツ

フィードバックの基本的な構造に沿った言い回しです。

ポジティブな面を褒めてから伸びしろについて言及し、もっと自分の良さを伸ばすためにはどうしたら良いかをアドバイスしています。ネガティブな面については、「上司として困る」という伝え方をします。

タイプ6　無計画な部下なら

上司「この間の○○飲料とのコラボ企画、やってみてどうでしたか」

部下「いやあ、すみません。ポップアップに間に合うギリギリになってしまいました」

上司「そうでしたね。でも、最後の追い込みではすごく集中して進めてくれたので、○○飲料の方も大変喜んでいました。イベントも好評だったし、当日はキャラのコスプレまでしてがんばっていましたね。

ところで、締め切り間際まで引っ張ったのは、何が原因だったと思いますか」

部下「……そっすね、○○飲料さんにポップの内容確認をとってなくて、そのまま全体計画のスケジュールを立てたことですかね。途中でムチャクチャ赤字が入っちゃって、慌てました。デザイナーさん激おこでした」

上司「なるほど。やはり、自分の判断だけで即座に動いてしまうと、どこかで問題が発生するのですよね。あなたはタフだし、行動力がありますが、相手企業とのコラボでは、先方の要望もしっかり聞く必要があります。そうでないと、今回のようなことが起こってしまいます」

部下「そうすね。やっぱ最初に、経理にも相談したほうがよかったですかね」

上司「そうです、よく気付きましたね。イベント自体は無事に終えられたのですから、最初に関係者に聞いてから計画を立てていたら、もっとスムーズにできたと思いますよ」

世界標準のフィードバックのコツ

しかるべき行動をとらなかったことで、どんなリスクが発生したのか。また、適切な行動をとっていたら、どんな価値を生み出せたのか。**リスクとバリューを示す**という方法もあります。

「こういう行動をしたからこういう結果になった、だから次はこうしたほうがいい」ということをきちんと示してください。

タイプ7　優柔不断な部下なら

上司「いつもすごく気をつけて、失敗しないように、慎重に仕事をしていますね。実際に、これまでおこなってきた調査で、あなたがミスをしたり、期限を守らなかったりしたことは一度もない。素晴らしいです。なかなかできることではないですよ。先日の案件では、緻密に調査したデータが先方にも注目されましたね。どの切り口で分析していくか、あと少し早く提案できていたら、確実に採用につながったでしょう」

部下「そうですよね。間違ったデータを出したら、メンバーにも迷惑がかかると思って、何度も考えてしまって」

上司「あなたの、見方を変えて検討する点は、他のメンバーにも見習ってほしいです。そのためにも、時間がかかりそうだなと思ったら、今よりも2日前に、みんなに共有しませんか」

部下「未完成でも大丈夫なんでしょうか」
上司「早く情報を共有してもらえると、メンバーもサポートのための時間が取りやすいです。それに、あなたが説明してくれると、みんなもやり方を覚えることができますからね」
部下「そうすると、提出までの時間がだいぶ短縮できますね」
上司「そうですね、まさにその通りです。全員のパフォーマンスが向上しますから、ぜひやってみましょう」

世界標準のフィードバックのコツ

上司が部下に対して率直に「**こうしてほしい**」と伝えることも、とても大事です。

「私もそう思う」「私が困る」「私はこうしたほうがいいと思う」と、**上司としての「私」の意見を、部下に明確に伝えてください。**

反対に、言ってはいけないのは「**自分はそう思わないけれど**」というフレーズです。

「(自分はそう思わないけれど) うちの会社ってこうだから」

「（自分は大丈夫だけれど）○○さんが迷惑しているそうだから」

「（私はいいけれど）よその部では違う判断をしているから」

「あなたがそうしたいのなら、やってみてもいいんじゃない（私は知らないけれど）」

これらは全て、上司としての責務を避ける「逃げ」の言葉です。

仕事には、その人の人格が表れるもの。ささいな言葉や言動からも、その人がどんなものの考え方や価値観をもっているのか、自然と伝わるものです。

また、フィードバックは場合によって、相手の人間性の領域にも踏み込む場合があります。

そのとき大事なのは、**信頼関係**ができていることです。ここに挙げたようなフィードバックは、確かな信頼関係ができたうえで、初めて効力を発揮します。日ごろのコミュニケーションの頻度やクオリティを高く保つような努力を怠らないでください。

タイプ8　経験豊富な部下・年上部下なら

上司「タカギさん、競合各社の売上実績のデータについて、他にはないレベルのものをいつもありがとうございます。先方からも、とても参考になると感謝されました。私も知らない事例がいくつもあって、事前に聞いていて心強かったです。聞いていると思うのですが、イナガキさんも一緒に次の企画を立てることになりましたよね。彼女はこれから経験を積んでいかなければならないので、タカギさんのノウハウをぜひ教えてもらいたいのです」

タカギ「いや、僕は長年やってきて積み上げたもので、理解するにも時間がかかるよ。彼女には難しいんじゃないかな」

上司「ええ、とても大変な仕事を続けてこられたのは、部の全員が知っています。現場をよく知るタカギさんだからこそ、部のメンバーにもわけへだてなく教えてもらいたいのです。もし万が一、タカギさんがいなくなった場合、貴重な会社の財産を、誰も引き継げなくなります。それは会社にとっても大きな損失です」
タカギ「うーん。少し考えさせてもらいたいな」
上司「タカギさん、もう時間はありません。これまで何度もお願いをしてきましたよね。協力してもらえないと、あのデータは一から作成しなおすことになり、タカギさんのノウハウもゼロになります。以降は違うメンバーで企画をすることになります」
タカギ「わかりました。では何をすればいいですか」
上司「まずは全員でミーティングをしましょう。タカギさんの素晴らしい経験を、どうぞみんなに披露してください」

世界標準のフィードバックのコツ

部下の中には、上司よりも経験をもった社員がいることもあります。言いづらいこともありますが、上司である自分が最終的に責任をとることを考えると、フィードバックに対して同意しないことでどんなリスクが発生するのかを、きちんと示すことが大事です。

そのときのポイントは、年上の部下がこれまで積み重ねてきた経験にリスペクトを払うこと。経験や知見を尊重しつつも、上司として困ることははっきりと言う。遠慮したり、特別に譲歩したりしないことです。

丁寧な言葉を使いながらも、厳しいことを言うことを意識するとよいと思います。

余談ですが、敬語に引っ張られて言いたいことが曖昧になる場合、いったん文章で要旨を書き出してみるのもよい方法です。**敬語を意識しないことで、伝えたいことの本質が見えてくる**でしょう。

タイプ9　若い部下なら

上司「おつかれさま。本採用になって半年ですが、設計部門に配属されてどうでしたか」
部下「はい、先輩と一緒に現場で測量をしたり、新しい会館建設の進行を確認に行ったりして、少し慣れた感じがします」
上司「それはよかったです。先日はオンライン会議にも参加しましたね」
部下「はい。新型コロナに感染してしまって、2日間、リモートワークで仕事をしました。普通に会議に参加できていたかどうかは、自分ではわからないです……」
上司「あのときは大変でしたが、新人だけでおこなう広報企画について、最後まで粘り強くかかわっていましたね。他の部署の同期と仕事をした感想はどうですか」
部下「お互いに違う仕事をしているのが、不思議な感じもしました。けれど違う部署同士で協力し合うことができるんだとわかり、こうやって大きなプロジェクトを進めるんだと思いました」
上司「そうです、新しい発見ができましたね。積極的に参加できていましたから、自信をもって、部内の会議でも、もっと積極的に意見を言えるといいですよ」
部下「はい、ありがとうございます」

世界標準のフィードバックのコツ

若い部下に対しては、**自己肯定感を高めるようなフィードバック**を心がけたいです。今の若い人は、昔のような破天荒なタイプはあまりおらず、物わかりのよい大人しいタイプが多いようです。しかし一方で、どのように評価されているかを気にする割合が高いように思います。

自分をもっと出してもよいこと、周囲はあなたが入ったことで、新しい刺激や発見を期待していることを伝え、「ここでなら安心して働くことができる」「周りの人は自分を受け入れてくれている」という**心理的安全性を高める**ことを心がけるとよいでしょう。

タイプ10　失敗を恐れる部下なら

上司「イノウエさん、先週の○○製薬さんへの説明会、あなたの担当だったのですが、当日はヤマモトさんがおこなっていました。何か理由があるのですか」

部下「ええっと、説明会はずっとヤマモトさんがやっていたので、代わってもらったんです。ちょっと自信がなくて、失敗しちゃったらどうしようと思いました」

上司「そうだったのですか。でもイノウエさんは、ヤマモトさんとペアで、何度も説明会を経験してきましたよね。十分にできるはずですよ」

部下「そうでしょうか……」

上司「私も昔は、緊張でカチカチになったことがあって、原稿の同じ箇所を3回も読んでしまったことがあるのです」

部下「ええっ、ほんとですか？」

上司「はい。頭が真っ白になりましたが、事後アンケートでは、おかげで場がなごんだとか、まじめな人柄が伝わりましたという声をもらいました。すごく失敗したので、それからは、あれ以上のことはないと思って、全然緊張しなくなりましたよ」

部下「そうなんですね。だからいつも落ち着いていらっしゃるんですね」

上司「そうです。社内にも話が広がって、いろんな方に声をかけてもらい、今の部署に引き上げられたのですよ」

世界標準のフィードバックのコツ

失敗を避ける部下には、**自分の経験談を織り交ぜながらフィードバック**します。「昔のことを言われても、今は時代が違う」と言われそうですが、時代性は考慮しつつも、「失敗はしたけれども、そこで一皮むけた」「失敗をしたことで、次からはもっと良くなった」といったことを伝えます。**今の状況を肯定しつつ、失敗で得られるものがあるというメリットを強調する**と良さそうです。

また、**将来のキャリアにとって有用**なことを示すと、切迫感に火がつくかもしれません。

タイプ11 責任感が強すぎる部下なら

上司「タナカさん、お疲れさま。出社してきても大丈夫になりましたか」

部下「はい、おかげさまで。片付けないといけない案件が山積みで」

上司「そうですね。いつも遅くまでがんばってくれていますね。感謝しています。しかし、心配な面もあります。あなたは責任感をもってやってくれていますが、結果的にあなた自身が健康を害しては、それはチームのリスクになってしまいますからね。

先月は残業時間も〇時間に達しているし、休みの日も出てきているようですが、それだけやらないと結果が出ないのであれば、仕事のやり方を変えないといけないですよね」

部下「いいえ、私がんばっているのですが……」

上司「がんばっているのはわかるのですが、このままではあなたの自己満足のための残業と見られても仕方がない状況です。メンバーのことも考えて、仕事の割り振りを考えませんか」

世界標準のフィードバックのコツ

いろいろな仕事を抱えて疲労してしまう部下には、そうすることでの**バリューとリ**

スクを明確に示します。

責任感が強いことは、一方から見れば美点ではありますが、そのために体調を崩して休むことがあれば、チームに悪い影響を与えます。責任感をもってがんばることは価値がありますが、それによって周囲にリスクを及ぼす結果になることをフィードバックしましょう。

タイプ12 自信過剰な部下なら

上司「スズキさん、少しいいかな」

部下「……」

上司「前回360度フィードバックをおこなったときにわかったと思うけれど、他者の声に耳を傾けるというのがうちの会社の文化。この会社はチームワークで成り立っているから、人の意見に耳を傾けないというのであれば、うちで働く人間としては疑問符がつくよ」

部下「いや、うまくいくと思ったんで、自信あったし」

上司「結局、あなただけが無視して会議も突っ走ったけれど、常務会で否決されたら意味がないでしょう。その前にみんなに同意を取っていれば、あんな結果にはならなかった。

あなたができるといって一人で突っ走った結果がこれだから、やり方を考えるべきだよ」

世界標準のフィードバックのコツ

自信過剰な部下には、少し厳しめなフィードバックが必要となるでしょう。会社組織としての原則やポリシーを引き合いに出して、それに従わないことによって何が起こるのか、弊害と成果未達を指摘します。

あいさつをしないとか、タメ口を利くといった**態度が問題ではない**のです。自信過剰な態度や姿勢を責めても「それって考え方の違いですよね」と反論されたら、後が続かない。

そうではなくて、周囲を無視した言動によって職場の雰囲気が悪くなり、結果的にパフォーマンスのレベルが落ちるという弊害が起こっていることが問題なのです。プロセスや姿勢ではなく、**行為の結果が問題となる。**マネジャーとして、そこを指摘するべきでしょう。

タイプ13 モチベーションが低下している部下なら

上司「サトウさん、業務レポートにやる気が出ないと書いていましたけれど、何かありましたか」
部下「もう最近、何のために仕事をしているのかと思ってて……」
上司「それはなぜでしょう。何か思いつくことはありますか」
部下「そうですね、いろいろあってよくわからなくて」
上司「だったら、具体的に少し書き出してみましょうか。まずは、いちばん最近のことからどうぞ」

部下「代理店の担当が変わったのですが、全然タイプが合わないんです。向こうはメールでしか連絡してこなくて、気が利かないんですよ」

上司「なるほど」

部下「物流のヤマダさんもリモートになって、夕方は全然連絡が取れなくて。だから遅れた分を私が巻き戻さないといけないんです。ナカノさんはいつもいないし。そのうえ、新人の面倒は誰も見ていなくて」

上司「あなたの担当分を超えて、いろいろな人が負担を押しつけてくるような感じがするのですね」

部下「そうなんです。結局、やる人にみんな仕事が集まっているんですよ」

世界標準のフィードバックのコツ

モチベーションが低下している場合は、**なぜそうなっているのかを丁寧に聞いていきます**。やる気を失っている人は、何かしら悩みや不安を抱えていることが多いです。結論を急がずに、時間をかけて少しずつ、絡んだ糸を解きほぐすように、ひたすら聞きます。

また、本人が何が原因なのかわからなくなっていることもあるので、ホワイトボードなどを使って、今のような状態になっている**原因を書き出して、思考を整理する**のもよいです。

不安を可視化して原因をつきとめ、それを解決していくようなフィードバックをおこなってください。

タイプ14 やたら反論してくる部下なら

上司「今日の中間報告、おつかれさまでした。声もはっきり出ていて、内容もわかりやすかったですよ。よく準備できているのが伝わりました」

部下「よかったです、ありがとうございます」

上司「真ん中あたりで、少し早口になるところがあったので、もう少しゆっくり話すと、より説得力が出たと思います」

部下「でも、それが僕のいいところなんで。あと、時間内に収めようとして早くしゃべったんです。時間の設定が間違っているんじゃないですか、少なくとも僕にはもっと時間が必要でした」

上司「時間配分は全員平等が原則ですよ。時間内に収めるのがルールです」

部下「いや、内容が重要なものは、もっとちゃんとした設定をしてほしいですね。言いたいことの半分も言えなかったのに、時間もなにもないですよ」

上司「熱心に取り組んだことはよくわかります。それを生かす発表の仕方を次回までに検討しましょう」

部下「こっちがルールに合わせろって言うんですか。ルールのほうが間違ってるでしょう」

上司「その発言は受け入れられません。組織が設定したルールを否定するのは、この会社を否定するということですよ」

世界標準のフィードバックのコツ

いちいち反論しないと気が済まない部下には、やはり、やや厳しめなフィードバックが必要になります。**話は全て聞くけれども、受け入れられない部分はＮＧ**だとはっきり伝えます。

また、「売り言葉に買い言葉」のような、**感情的なディスカッションにあまりつきあわない**ことも重要です。

単に何かが不満で文句を言いたいためにしかけてきているのか、それとも、前向きに議論をしたくて話しているのかを見極めつつ、１対１の水掛け論に持ち込まれないように気をつけてください。

また、部下の意見は尊重する一方で**自分は上司**であることを忘れず、そのスタンスをはっきりと相手に示してください。

Chapter 4

部下に信頼される
マネジャーの思考法

Cultivating a Managerial Mindset Built on Trust

日本とは違う、フィードバック文化の中でつくる信頼関係

フィードバックを成立させるためには、日ごろのコミュニケーションを良好に保つ必要があります。そこで重要なのが、相手との信頼関係をいかにしてつくっていくかということです。

ＴＷＩＣＥやＮｉｚｉＵを擁するＪＹＰエンターテインメントの創業者で、音楽プロデューサーのＪ・Ｙ・Ｐａｒｋは、所属タレントへ優れたフィードバックをすることで知られています。

彼は、「自分自身がフィードバックに足る人物たれ」と言います。部下に何かを言う前に、まずは自分が上司としてリスペクトされる人物であるかどうかを見つめ直せというのです。

時折「マネジャーというのはあくまで役割であって、マネジャーだから偉いわけではない」と言い訳めいたことを言う人がいますが、それは違います。どんなに立派な考えや経験をもっていても、部下に「お前に言われたくない」と言われたら何の意味もありません。

スポーツの世界を見ればわかりやすいでしょう。メンバーがついていくのは、技術が一流であることに加えて、みんなに慕われる人間性や魅力をもちあわせた、人としても一流の人たちです。

仕事のうえではもちろん、一人の人間として魅力的であることは、多様な部下を抱えるであろうこれからの社会では、いっそう大事になってきます。人としての総合力が問われてくると言ってもいいでしょう。

信頼関係をいかにつくるかという視点から見たとき、その過程は、日本企業とそれ以外の外資系企業では全く違っています。

日本の信頼関係は、「属性」と「縁」と「時間」とでつくられていきます。

属性とは、「〇〇高校で同期だった」「同じ県の出身だ」など、自分がどこに所属していたかを示す要素。

縁は、「共通の知人がいて」「たまたま同じ支店配属になって」など、何かをきっかけにしたつながり。

時間は、「小学校以来の腐れ縁で」「入社時以来、ずっとお世話になって」という、過ごした時期の長さ。

これらが組み合わされて、培われていきます。

また、たいていの日本人は似たような環境や同じような価値観をもちあわせているので、特別な努力をしなくても、自然に信頼関係が醸成されていくことが多いです。

一方、多様性を前提にするグローバルな環境下には、過ごした時間も属性も全く違う人たちが集まってきます。

過ごした環境や歴史も知らない、全く新しい相手と、「初めまして」と肩を組んで、今日から仕事をしなければならない。そんな場に、いきなり直面するわけです。

したがって、日本式の「言わなくてもだいたいわかるよね？」という感覚は捨てて、一から信頼関係を築く必要があります。

外資系企業の信頼関係は、「努力」によってつくっていくのです。

このような環境下では、「自分と他人は違う」という意識をしっかりともつことが基本となります。そのうえで、信頼関係をつくるために時間をかけていきます。

たとえば外資系企業では、オフサイト・ミーティング（職場を離れた場所や環境のもとでミーティングをすること）を好んでおこないます。

典型的なのは、オフィスを離れた環境でディスカッションをして、夜はみんなで食事をして親睦を深めるというスタイルです。リラックスした環境で自己開示をして、自分がどういう人間なのかを知ってもらうと同時に、相手のことも知る。自己開示、他者理解、他者受容というプロセスを集団でおこない、信頼関係をつくっていきます。

「〇〇ってそうじゃない？　それが普通だよね」の「普通」が存在しない環境で、一からつくりあげていくのです。

若い部下の大志に寄り添う

今、「この会社で定年までずっと働こう」と思っている若い人は、ほとんどいないのが現実ではないでしょうか。

これからは、キャリアの自律性が重要だというのは外資系企業のみならず、誰しも実感しているところでしょう。「将来こうなりたい。この会社には成長機会があるから、今はここでがんばる」というように、自分のキャリアを自分で設計していく意思をもっている若い人は確実に増えています。外資系企業で当たり前となっているこの考え方は、今や日本企業でも避けて通れない現実となっています。

たとえばあなたは、部下から「将来は転職を考えています。キャリアを考えたとき、この会社で得られることは何でしょう。先輩はどう思いますか」と聞かれたら、あなたは何と答えるでしょうか。このような問いに向きあい、部下の将来を一緒に考えることが、今や全ての管理職に求められています。

転職経験がないマネジャーであれば、「自分はこの会社一筋だったし、そんなことを聞かれても」「そもそも辞めるかもしれないなんて、よく上司に言えるよなあ」と感じるかもしれません。

あるいは、「こんな相談に乗ってしまっては、みんなどんどん転職してしまうんじゃないか」と思うでしょうか。

そんなことはありません。自分の成長機会が用意された会社でのエンゲージメントは高くなり、そしてそういう会社でこそ働きたいとみんなが集まってくるので、結局は今働いている人も辞めないのです。

本当に優れた会社が結果的に長期雇用になっているのは、つまりそういうことではないでしょうか。

不確実性の大きい社会でも活躍できる部下を育てるには、「この会社に長く尽くしてもらう」というのがゴールではなく、プロフェッショナルとして、あるいは職業人としてどうありたいかというところに、マインドセットをもっていくべきです。

フィードバックで企業理念を浸透させる

さまざまな国の価値観、主義、信条、宗教などをもつ人たちが集まっているグローバルカンパニーは、「われわれの企業は何をもとにエンゲージしているか」を強烈に推進しています。そうしているからこそ、働く人たちの多様性を認めることができるとも言えます。

自分たちにとって大切な価値観、理念とは何かを常に話し合っていることも、大きな特徴だと思います。

「理念の共有など、現場には関係ない。もっと上の人がやるべきことだ」と思うでしょうか。

間違えないでもらいたいのですが、経営理念を浸透させることは経営者や上級マネジャーだけでなく、現場に直面する最前線のマネジャーにも当然求められることなのです。

自分の会社がどんな仕事で社会に貢献しているのか、自分たちの仕事があるからこそ成り立っているのはどんなことか。

現場にいるあなたが自分の言葉で部下に話すことなしに、部下を引きつけることは不可能です。

「ここで働くことで自分が成長できている」「会社のめざす方向を向いてがんばっていきたい」というエンゲージメントの高いチームをつくるためには、会社から求められるマネジメントデザインもふまえつつ、自分のチームの中長期的な目標やビジョンを自分の言葉に言い換えて、部下に伝えていくべきです。

外資系企業では、マネジャーに対して、「部下のエンゲージメントを上げて『明日もここで働きたい』という気持ちを育むのもあなたの責任である」ということが明確に告げられています。だから必然的にマネジメントの質が高いのです。

J&Jは、「我が信条（Our Credo）」、クレドーという企業理念をもっています。これは創業者の息子であるロバート・ウッド・ジョンソン・ジュニアが1943年に提唱したもので、これにより同社は顧客や患者、社員、地域社会、そして株主の四つのステークホルダーに対して、ビジネスを遂行するうえでの責任を負っているとしています。常にこの責任を価値基準とし、これに反することは絶対にしません。

J&Jでは、代々のCEOの誰もが、クレドーは「最も重要」と言い続けて今に至っています。社内では現場の営業担当者からグローバルで活躍するトップマネジメントまで「クレドー的にはありだろう」「クレドー的にそれはできない」という会話を日ごろからおこなっています。また懲罰規定の中には「クレドー違反」という項目もあります。

企業理念への追求はそれほど真剣におこなわれています。

また、自分たちのチャレンジはクレドーに照らし合わせたときに正しいことか、理念と自分の仕事を結びつけるためのディスカッションを必ずおこなうように社員に求めています。「〇〇研修」という形で外部のコンサルなどに任せることは極めて少なく、社長を筆頭に、社員全員がおこなっています。

そして、理念が徹底しているかどうかを必ず定点観測します。J&Jでは年に一度、全世界単位で全100問近い調査（サーベイ）を実施していて、回答率も厳しく問われます。そのため各部門のマネジャーは切迫感をもってマネジメントに臨んでいます。最終的な回答率は毎回限りなく100パーセントに近いものです。

また私が2015年に入ったLUSHの理念は「WE BELIEVE」というもので、同社の価値観や世界観を明確に示したものです。重要なポイントのひとつを簡単に言うと「倫理的たれ」というもので「私たちは利益と倫理で悩むことは絶対にない。なぜなら常に倫理をとるから」とその立場を明確にしています。

彼らの倫理観でいうと、化粧品ビジネスにおける動物実験は、「美のために生命を犠牲にしている」と考えられ、強く反対しています。

また、原材料や資材の買い付けも、動物実験をしていないと確認できた会社からのみおこなっています。

最たる例は、アメリカと並ぶ巨大市場の中国に一切出店していないことです。中国は、輸入する化粧品に動物実験を義務づけているため、それを理由に取引をしていないのです。

さらに環境保護も倫理の一環なので、オフィスはペットボトルの持ち込みを禁止しています。レジ袋も禁止です。

それはルールブックに書かれていることではありません。社員が「LUSHだったらこういう価値観で行動するよね」と理解して、自主的に行動に移しているのです。

外資系企業では、社内の小さなルールから、会社の行方を決定する判断まで、掲げるポリシーが絶対にぶれないほどに企業文化が隅々にまで浸透しています。

おそらく、長きにわたり成長を続けているグローバルカンパニーは、どこもこのようなカルチャーがあるのではないでしょうか。

マネジメントに「才能」は必要か

時々「自分はマネジャー向きではないと思う」とか「内気なタイプなので、人に働きかけていくようなマネジメントの仕事に自信がない」という人がいます。

ここで強調したいのは、決してそんなことはない、ということです。

マネジメントとは、人がもともともっている性格やキャラクターなどの「資質」や「才能」によっておこなうものではありません。「人と話すのが得意だから、マネジメントもうまいはず」とか「口数が少ない人はマネジメントが不得手だ」などと、単純に決めつけられないものなのです。リーダーシップは「技術」であり、マネジメントはそれをベースとする「職責」です。向いている・向いていないという類いのものではないのです。

そのような理解のうえで、もしマネジメントの出来栄えを左右するものがあるとしたら、それは「やりたい」と、本気で思っているかどうかだと思います。

「やりたいのかどうか」本人の意思を問うとき、外資系企業では「アスピレーション（Aspiration）」という言葉を使います。「野心」や「大志」という意味です。

重要な仕事を遂行するためには、才能や資質といったものも一部は必要です。ですが、成功するか否かの鍵を握っているのは、「なんとしてもやりたい」「マネジメントを通じて、より大きな価値を出したい・影響を与えたい」という、本人のこころの底からの思い、アスピレーションなのです。

マネジメントは基本的に、訓練を積めば誰でもできるようになります。

何か達成したいと思うとき、その鍵を握るのは能力だけではありません。「なりたい」「やりたい」と思うかどうかが、マネジャーを成功に導く分岐点なのです。

向いている・向いていないを気にする人は、「あの人とはどうも合わない」とか「話しかけづらい」など、人と自分との相性を気にする傾向も見受けられます。確かに人間、相性の好みはあるでしょう。

しかし会社組織では、それを理由にコミュニケーションを取らないというのは通用しません。プライベートの人間関係と、組織における人間関係は、根本の考え方から違います。

プライベートでは、自分の思うように人とつきあうことができます。かたや会社組織では、ふだんはつきあわないような人とも、努力して人間関係をつくる必要がある。対人関係に自信がなくても、これは避けて通れないことです。共演NGをつくらない、は組織の鉄則でもあります。

では、どうするか。

まずは、自分がどんな人間なのか、自分自身が知ること。そして、自己開示をすることです。

大げさに自己紹介をする必要はないけれども、まずは会議でちょっとがんばって発言してみたり、相手をお茶やランチに誘ってみたりする。仕事は毎日のものですから、日々ちょっとだけ努力して、あなたという人間を知ってもらうのがよいでしょう。

無理をして自分のキャラ以外の姿を演じたり、隠したい自分の秘密まで開示したりする必要はありません。強みと弱みは裏表の関係です。「話がうまい⇅おしゃべりでうるさい」「明るい⇅軽薄」など、長所に見える性質でも、人によっては「いやだな」と受け止められることもあるからです。

同じように、「無口⇅思慮深い」「周りを気にする⇅心配りができる」と、自分が欠点だと思っていることが、好感をもって受け入れられている場合もあります。

「自分が取るべきコミュニケーションスタイルがわからない」というなら、これも「自己開示」をしていってはどうでしょうか。

たとえば、「私はずっと小さなセクションで仕事をしてきて、どちらかというと内気な、つまり陰キャなんです(笑)」と切り出してみる。

少し場がなごんだところで「そうはいっても、皆さんと一緒にチームをリードしていかなければいけない立場なので、皆さんに合ったコミュニケーションスタイルを取っていきたいと思っているんです。どういうスタイルにすればいいか、聞かせてもらえるとありがたいので、次の1on1ミーティングのときに教えてください」と伝えます。

これによって、メンバーがあなたを受容する体制ができるでしょう。

また、自分の悩みをメンバーの前で言えた時点で、「陰キャ」からも脱却していま す。

「こうありたい」と思い、自分を開示する。一歩踏み出す時点で、すでに自分を変える準備はできているのです。

人に関心をもたないと、マネジメントはできない

人事という仕事柄もあるのかもしれませんが、私は常に、自分以外の他人が何に興

味をもっているのかを気にかけていました。

たとえば、机の上に犬の写真を飾っているのを見て「犬が好きなんだな」と情報を得ておく。そして次の機会に「犬を飼っている人は認知症になる率が低いらしいよ」など、相手の興味を惹きそうな話題を振ってみる。アニメやK-POPが好きな部下、旅行が好きな部下、最近結婚して子どもができた部下。部下たちのさまざまな関心事にふれることで、コミュニケーションの糸口を探っていました。

また、特に用件はなくても、オフィス内をよくうろうろしていました。みんながよく集まる休憩スペースにお菓子を取りに行くフリをして、各人がどういう仕事をしているのかをそれとなく見るのです。そうやって様子を窺って、何か共通の話題を投げては雑談を交わしていました。

マネジャーになると、部下の目線から一段上の視野をもつことが大切になります。自分のことはもちろんですが、人に対する関心や気配りの意識がもてると、部下への見方がさらにクリアになると思います。

部下の特性を見極める

私は人事の仕事に携わってきた経験から「自分と他人は違う」という前提に立って物事を見ています。自分の考えと他人の考えは違う。もっている欲望も、理想とする幸せの形も違います。

「この人はきっと〇〇に違いない」という先入観や思い込みで人を判断するのではなく、「この人はどんな人で、何をめざしているのだろう」と、判断や推理に頼らず直観的に見る。

自分と他人は違うという前提で、違いを受け入れる姿勢をもつのは大事です。

具体的にどこが違うのかを判断するツールとして、MBTIやストレングス・ファインダーなどがあるので、ひとつの手がかりとして、それらを使ってみるのもよいかもしれません。

MBTIは、カール・ユングの心理学理論を基に開発された性格診断ツールで、

・外交的か、内向的か
・感覚的か、直感的か
・思考的か、感情的か
・判断的か、知覚的か

という四つの軸で人の特性を捉え、16の性格タイプに分類します。企業の人材開発やチームビルディングでの活用が広がっています。

たとえば、「なぜこの部下は詳細な計画を立てたがるのか」「どうしてあの部下は締め切り直前まで動き出さないのか」といった行動特性の違いも、MBTIの枠組みを通じて理解することで、より適切なマネジメントアプローチが可能になります。

ストレングス・ファインダーは、ギャラップ社が40年以上にわたる研究と200万

人以上のインタビューデータを基に開発した診断ツールです。「規律性」「分析思考」「共感性」といった34の資質から、個人の強みと、その優先順位を特定することができます。それを戦略的に活用することで、パフォーマンスを最大化するきっかけづくりをしてみてはどうでしょうか。

マネジャーは部下と会社、どちらの味方をすべきか

マネジャーには、「スタッフメンバーの代表である」という面と、「経営トップ層の方針をかみくだいてメンバーに伝える」という、二つの役割があります。つまり、現場と経営の両面を、常に同時に見ていないといけません。

そして、**最終的には会社側につく、つまり経営の意思を優先する**のがマネジャーの基本的な役割です。

しかし最前線のマネジャーは、メンバーに向けるべき割合のほうが大きいです。全体を100としたときには51：49くらいだと私は考えています。

そこで陥りがちなのは、「会社：メンバー」間のマネジメント配分を間違えて、メンバーに不信感をもたれてしまうことです。

新任のマネジャーは、早くメンバーの信任を集めたいと焦ります。

その結果、部下の仕事を「いいよ、管理職だから残業はつかないし、自分がやっておくから」と、どんどん引き受けて、メンバーを早く帰宅させて遅くまで働いてしまったりする。

マネジャー本人は「こんなにがんばっている」という充実感をもっているのですが、360度フィードバックでは、「うちの上司は仕事をもちすぎていて、困ったことがあっても相談できない」というメンバーの声が上がってきたりします。

「縁の下の力持ち」のつもりが逆効果という典型例です。

部下の自主性に任せるとして、口を出さない。上司自らは明確な方針を示さない。

しかし、とうの部下たちは、「部署の代表として関連部署と交渉してリーダーシップを発揮してほしいのにやってくれない」、「責任者として仕事がしやすい環境をつくってくれない」など、上司として動いてくれないことに不満を抱く。

話しやすい雰囲気をつくってくれて、親身になって相談に乗ってくれる。しかしリソースの適正配分力が低い。「人が不足していて、新卒を早く配属してほしいのに、上の方にちゃんと言ってくれているのだろうか？」

こんなふうに、人はいいけれど上司としては頼りないと思われているマネジャーは結構多いのが現実です。

結局のところ上司への評価というのは、性格傾向によるのではなく、しっかりとしたマネジメントをもって上司としてのはたらきをしてくれているか、リーダーシップを発揮しているかで決まるのです。

女性社員に活躍してもらうためには

コンサルティングを通して多くの日本企業の実態を知ると、女性のライフプランとキャリアの扱いについて、どこかアンバランスだったり、不自然だったりするケースが見られます。

最後に在籍した英国の化粧品会社ＬＵＳＨの日本法人、ラッシュジャパンでは、社員の8割が女性で、直属の部下である5名の課長たちも全員女性でした。

「いやあ、女の人は扱いづらいよね」「マネジメントが難しいじゃないですか」と言う男性管理職の声を耳にすることがありますが、私の経験上、それには全く同意しません。同じく、男性向けの仕事、女性向けの仕事があるという考え方にも賛成しないです。

私は、マイノリティに優しい会社は、マジョリティにとってもいい会社だという感覚をもっています。それもあって経営幹部や人事部門には女性がいたほうがいいと考えています。

多くの女性には、出産というライフイベントがあります。

外資系では「お産は病気ではない」という言い方をします。女性たちはみんな、キャリアを大変重要視しており、出産した後に急いで復帰してくる女性は少なくありません。彼女たちは後れを取りたくないのです。

一方で日本企業は、母体保護の観点から手厚く産前・産後の処遇がおこなわれます。外資系の女性エグゼクティブが「私は分娩室に入る寸前までメールを送っていたのよ」などと自虐的に話すのとは対照的です。

しかしながら一部の経営者は、日本企業のその施策が、キャリアを積みたい女性のさまたげになっていることにうすうす気がついている。そう私は見ています。ですが、「育休が長すぎる、早く復帰してほしい」と言おうものなら、マタハラだなんだと集中攻撃を受けるために、おいそれとふれることができない状況です。

その結果、女性がキャリアから脱落せずにパフォーマンスを発揮できる環境をつくることと、ライフイベントを尊重することとの間の、相反する部分をどうするべきか、解決策を出せずに立ちすくんでいるように見えます。

LUSHの人事部長時代は、出産後のキャリアをどう構築していきたいか、対象社員が状況と意見をふまえて選択できるよう、可能な限り柔軟に対応しました。復帰の際、ある程度仕事の範囲を縮小したほうがいいのか、それともキャリアを大事にして、今まで通りにバリバリやっていくか。話を聞き、希望になるべく沿うような、弾力的な働き方ができるようにしました。

しかしその分、容赦はしませんでした。やると言ったことはやってもらうし、管理職であればイギリス本社へも出張してもらう。その代わり、働き方はできるだけ柔軟にする。子どもの具合が悪くて家で面倒をみたいなら、出勤をずらしたり、深夜や早朝にメールを送ったりしてもいい。「どうする?」と聞くと、たいていの人は「大丈夫です、やれます」と返事をしてきました。

彼女たちの要望に準じた仕事の仕方にすると、たとえば働き方改革の文脈でなされる「夜8時以降のメールは禁止する」といった日本企業のルールは、実態とは全く合わないものです。お母さんたちの中には、子どもが寝静まった深夜に仕事をしたい社員もいるのです。

女性のキャリアとライフイベントに対する配慮と弾力性が、もう少しうまく噛み合えばと思っています。

Chapter 5

フィードバックで日本のビジネスは変わる

Feedback Will Transform Japanese Business

日本のマネジャーの抱える「二つの困難」

多くの企業を見てきて問題だと思うのは、日本企業の中間管理職、現場の最前線にいるファーストラインマネジャーが、とにかく「忙しい」ということです。

外資系の場合、マネジャーは、マネジメントという本来の仕事に専念することを求められます。しかし日本の場合、マネジャー自身もほとんどが何らかの担当業務を抱えています。

つまり日本の中間管理職は、ほぼ確実に、プレイング・マネジャーなのです。

その状態で、上の組織から下りてくる命令やタスクを受けつつも、部下の面倒も見なければいけない状態に置かれています。

また、マネジャー一人が抱える部下の数が極端に多い例も頻繁に見られます。

経営学では、**企業内で直接管理できる部下の数は最大で8名程度**と言われています。これを**スパン・オブ・コントロール**といいます。

マネジメントの質を確保するなら、隔週で1 on 1のミーティングをおこない、一人ひとりの目標設定やキャリアの話をし、進捗状況を上司に報告したり、自分のチームの全体戦略をつくり、他部門との連携をおこなったりすることが必要です。

並行して、何か問題が起こったときには随時フィードバックすることが求められます。そう考えると、私の実感では6名程度が適切です。

たとえば、工場でのオペレーション業務だと、部下が数十人つくということもあります。仮に彼らがやる仕事が単純作業だとしても、マネジメントも単純になるわけではありません。仕事をしているのは機械ではなく、それぞれが違う個性をもった人間だからです。

本来であれば、営業で回りながら部下20名のマネジメントもおこなう、などということは不可能な話なのです。とても一人ひとりのことまで見ることができませんから。

日本の組織のほとんどは、優秀な担当者がそのままマネジャーに引き上げられて、プレイヤーとしての仕事をもちつつ、部下のマネジメントも課されます。

しかしグローバルカンパニーでは、会社が安定的・継続的に成長し続けるには、従業員一人ひとりに向きあい、モチベーションやワーク・ライフバランス、価値観までを含めてかかわり、個人の可能性を引き出すことで、成果の最大化をめざすことが重要だと認識しています。

これが**ピープルマネジメントです。**

そして、会社全体でこのマネジメントの定義を共有しているので、マネジャーになったら、できるだけプレイヤーとしての仕事を手放し、人材育成に専心して中長期的な視点に立ち、チームの成長に尽力します。

しかし日本では、仕事がその人に貼りついてしまう傾向が強い。特に営業部門は、目先の数字が落ちることを恐れて、プレイング・マネジャーから営業の仕事をひき離すことができません。その結果「スペシャリスト」などという肩書きで、元営業部長がいつまでも同じ営業先を担当し続けるという「悪しき慣習」などが見られたりもします。

日本固有の商習慣ゆえか、日本では営業などの直接的に顧客に接し、数字をつくる仕事について、まるでそれがビジネスの王道であるかのように語ろうとする傾向があります。しかし帰結するところは、ビジネスとは、一部の特殊な人間の名人芸や伝説によって支えられるのではなく、一人ひとりの「人」を育てることで進むものであるということです。

誰かが担当を外れたらその事業が終わってしまうのでは、企業は続きません。日本企業は、持続性のある価値と実績を出し続けるチームをつくる仕組みが脆弱《ぜいじゃく》なのだと思います。

日本ではよく「企業は人なり」と言いますが、その実態は、個々人の人間性を重んじて、その人生を大切にするのではなく、企業を成り立たせている資材、資産だから大切だという意味でしかありません。つまり、誤解を恐れずに言えば、そこでは人とはあくまでも事業を回す「コマ」なのです。

もうひとつの問題は、マネジメントの定義が曖昧であるということです。

私の知る限り、日本企業では「そもそもマネジメントとは何なのか」という概念的な理解が圧倒的に不足しています。そのためマネジャーは「現場の中間管理職として、あなたはどんな役割を果たすべきなのか」を定められないまま、前線に立たされています。

マネジメントの定義には諸説ありますが、「組織長たる管理職に与えられた組織・チームの責任を、部下に『目標』という形で分け与え、その達成をサポートし、その過程において部下の成長とエンゲージメントを向上させ、永続的な成長を実現するチームをつくる」。これがマネジメントの本質だと私は考えます。

しかし、この本質に準じたマネジメントがおこなわれているケースは極めてまれではないでしょうか。

定義が曖昧なまま、形だけは求められる。しかし、プレイヤーとしての仕事は減らない。おまけにそれ以前と比べて、格段に処遇が良くなるわけでもない。マネジャーにとっては「なんだ、これでは割に合わないじゃないか」と期待外れに終わってしまっています。

その結果として生まれたのが「管理職は罰ゲーム」という言葉なのでしょう。

このように、現場の最前線に負担が集まりやすいのには、日本企業の構造的な問題もあります。

たとえば、現場のマネジャーには必ず上司が存在します。上司は「ちゃんとマネジメントしろ」「部下の要望にも耳を傾けろ」「業績を上げろ」と部下であるマネジャーに求める一方、とうの上司が同じように上の役職から指示や指導を受けることは、意外とありません。

部長と執行役員などの役職者間のことになると、マネジメント上の言及は減り、基本的に任せっきりになります。

実際にある企業の研修で、社長に「執行役員に1 on 1ミーティングやフィードバックをしていますか」と尋ねたことがありますが、「もう長い付き合いで結構一緒にいるから、そんなことはやっていないよ」という答えが返ってきました。

会社の事業の指針を示し、社員を導いていくのはトップマネジメントの仕事です。だからこそ本来ならば、階層が上にいくほどにマネジメントのレベルは上がっていくべきところ、日本企業ではその逆をたどっています。

マネジメントとは何なのか。その定義を誰一人として理解しないまま、現場のがんばりによって成り立っている企業が、日本にはたくさんあると私は推測します。

多くは、いずれ限界が訪れるでしょう。

組織風土にとっていちばん大切なのは、組織図のいちばん最下位に位置するファーストラインマネジャー、つまり最小単位の組織長たるマネジャーが、現場で生き生きと働き、成果を出し続けていること。そして、そのための環境が整っていることです。そうなっていれば、人事の問題はほとんど起こらないのです。そのためにはその上司、その上司、と組織の階層が上がれば上がるほどマネジメントの精度と密度が上がっていかなければなりません。

「人」を軽視する「昭和型マネジメント」の限界

日本の企業がこのような状況に陥ってしまったのには、おもに二つの原因があると考えます。

ひとつは、日本企業のマネジメントが、人を資源として捉え、会社として効率よく分配・配置していくという「リソース・アロケーション（経営資源配分）」を最優先していることです。

会社にとって、人は事業をおこなうために必要な「リソース」のひとつと捉えられている。そこでは、人が主体ではなく、会社が主体なのです。

だから欠員が出たりしたら「この部署に一人余っているから動かそう」という発想で、人をコマのように動かし、人事異動をおこなってきた。そこには、人の成長やエンゲージメントで事業を成長させようとする中長期的な戦略などはありません。

ときどき「社員の成長を図るためにも定期人事異動が必要」という名目で、ローテーションで人事異動をおこなう会社がありますが、それも私から言わせれば、全く後付けのお題目です。

「適材適所」などと言いますが、社員の自己実現意欲や成長実感を無視しての言葉であれば、これほど会社都合に立った言葉はないでしょう。


リソース・アロケーションの概念を成立させ、維持してきたのは、終身雇用制による長期雇用です。私が新卒で就職した頃の日本企業は、ほとんど終身雇用制でした。いったん新卒で入社したら長く働くことが前提で、若いうちは自分のやりたいことはできない。個人の意志を通すことはわがままとされ、人事異動を断ったらその会社には居られない。不本意な配属や長時間労働にも我慢することが求められました。

その引き換えに、たとえモチベーションが低くても、エンゲージメントがなくても、ずっと働けば給料は上がり、退職金もたくさん出るという構造になっていました。

しかし現在、その概念は通用しなくなりました。

安定経済成長を前提とした長期雇用が崩れ、自己犠牲を求める滅私奉公的な働き方は過去のものと化しています。

若い人で、今の会社で定年まで勤め上げようと思っている人は、おそらくほぼいないでしょう。

「昭和型」の価値観は終わりを迎えたのです。


その後に入社してきたのがいわゆるＺ世代といわれる人たちで、しばしば、上の世代とのジェネレーション・ギャップが取り沙汰されています。

これはしかし、無理もない話です。私が新卒だった１９８９年から１９９９年の10年間に起こった出来事と、２０１４年から２０２４年の10年間に起こったことは全く違います。

「メールの文末に句読点がつくのは威圧的だ」という彼らと、

「会社を休むのにどうして電話をかけてこない」という我々とでは、全く別の価値観をもっているのです。

ここまで最大化されたギャップが、これから改善することはないと思います。まして昭和型のマネジメントでここを埋めるのは、不可能な話です。

二つ目の原因は、日本企業における「人事」の存在感が低いことです。

プロローグの、ある会社の人事評価の例は、日本企業における人事の力が弱いために、マネジメントの質を問うシステムが機能していない典型といえます。

外資系企業では、部署間の力関係は全て平等です。人事も営業もマーケティングも経理も物流も、みな等しく発言権をもって円卓を囲んでいるイメージです。

しかしなぜか日本企業では、数字を稼ぐ営業部門、またはモノづくりを司る製造部門がいちばん力をもっていて、あとの部門はその下請けだというような文化があります。人事は「利益を出せない」間接部門としてヒエラルキーの最底辺に位置づけられています。

人事の本来の役割のひとつは、個々の中間管理職のマネジメントにまで踏み込んで、あるべきマネジメントのスタイルを提示し、それができるようになるために導いていく、そしてそのクオリティを維持することです。経営と従業員の間に挟まれて小さくなっていたり、「人が好きだからやっています」なんて情緒的になったりしているのは、全くお門違いです。さらには「従業員が悪いことをしないように」と監視・監督する部門でもありません。

人が「この会社で明日もがんばろう」と思えるのは、会社に求めていることや、今の仕事がもっている価値、会社がめざしている世界観に対して、「自分も同じだ」「私もその世界を見たい」と共感できるから。つまりエンゲージメントを高くもっているからです。

個人の伸びしろを示し、それが成長機会であると伝えること、つまりフィードバックすることで人は成長します。

人事部は、それを仕組み化して、会社全体をリードしていく役割をもった機能なのです。

経営者自らが方針・戦略を語るべし

日本の経営者の中には、短期的な目標達成だけを気にして、経営者としての目標が曖昧なまま役職に就いている人が多いように感じます。

上場企業の役員でも、今期の重点目標を三つ、すぐに書いてくださいと言われて、明確かつ詳細に書ける人がどれくらいいるでしょうか。

というのも、日本の会社は、具体的な経営戦略や施策を考えるのが経営者ではないケースが極めて多いからです。経営者が外部に対して発表することや管轄の部門に対して示すことは、会社の中の「経営企画室」が作成しています。

このような「経営者のための経営企画室」的な機能は、外資系企業にはほぼない、と言い切っていいでしょう。私が見てきたグローバルカンパニーのジェネラルマネジャーやエグゼクティブは、経営方針発表会で使うプレゼンテーション資料を、全部自らの手を動かしながら作っていました。

にもかかわらず、日本企業においてトップマネジメントの成果に対する直接的なフィードバックがなされる仕組みはほとんどないのではないでしょうか。もともとのトップ層におけるマネジメントコミュニケーションがおろそかであることと、「役員や重役になれば上がり」だから、誰かに何かを言われる立場にないと考えられていることが理由であるかもしれません。

フィードバックが日本経済を立て直す

先に述べたように、私は、企業の組織図を書いたときにいちばん最初に部下をもつ位置にくる人たち、ファーストラインマネジャーが幸福に、法令やルールを守った正しいマネジメントができていれば、組織の問題はほとんど起こらないと思っています。組織におけるあらゆる人事施策や戦略の改革は、最初に、ファーストラインマネジャーがいる現場の最前線で起こります。したがって、そこの質を上げることが、組織の生産性を上げることにつながり、エンゲージメントを向上させ、そして会社の理念を浸透させていくのです。

つまり、ファーストラインマネジャーが成果を出せる環境づくりは、組織の存続や発展と、直に結びついているのです。経営者はそれを自覚する必要があり、現場のマネジャー自身もまた、そのことに自覚的であってほしいのです。

それほど大事なポジションに対して、「管理職になりたくない」とか「管理職は罰ゲームだ」などと口に出すことが受け入れられる状況は、非常にまずいです。

日本経済は元気をなくしているとか、生産性が低いなどとよく言われます。

その現実はどこで起きているのか、ずばりファーストラインマネジャーがいる現場に他なりません。「事件は全て現場で起こっている」、というフレーズがありましたが、日本経済の復活は、現場にいる中間管理職の、ピープルマネジメントの質の向上にかかっているのです。

今中間管理職を襲っている不幸の大きな原因のひとつは、上級管理職のマネジメント不足です。

「中間管理職を何とかしないと」と、中間管理職のことばかりが繰り返し指摘されますが、実は、部長や重役など、階層が上に上がるほど、実際のマネジメントの質は低下していきます。安定成長が前提となっている一昔前、といっても半世紀近く前の話ですが、当時の社長や重役、役員たちは、マネジメントをする必要がなかったからです。

ですから、それを受け継いでいる今の上級職のマネジメント力も、アップデートされていないままです。

しかし、ファーストラインマネジャーの立場にいる人たちがマネジメントの正しい概念を理解して、メンバーにフィードバックを実践して成長実感をもたせ、エンゲージメントの高い組織をつくっていけば、各階層のマネジメントの質は保証されていくことになります。

そして組織の生産性とエンゲージメントが上がり、永続的な成長を成し遂げる組織に生まれ変わっていくでしょう。

「自分のいる場所を何とかしないと」「自分の会社は何か変だ」と切迫感や危機感をもっているならば、上級管理職の変容を待つのではなく、この現実を認識したうえで、自らが新しい概念の実現に取り組んでいくしかありません。

現実として、トップマネジメントの立場にある人は、なぜかそれにふさわしいマネジメントの実現を求める責務からは解放されたという気分でいることが多いからです。そんな上級職を見て「上から教わっていない」「知らないからできない」と言ってもしょうがないのです。

今の場所をまず自分が変えていこうとするか、それとも、職業人としてめざしたいマネジメントを実現しているところに行くか、どちらかしかないでしょう。

あなたがもし今、危機感や切迫感を抱えているとしたら、それはおそらく正しいです。おかしいと思うことは、だいたいおかしいのです。その違和感を抱えたまま組織に居続けるのは、結局そのおかしな組織づくりの片棒を担いでいることになります。あなた自身が変わろうとし、変わらなければ、結局は同罪です。

会社は、社員がいなければ成り立ちません。あなたがそのままそこにいるからその体制は続いているのです。しかし、辞めないでいるということは、少なくともあなたは、その組織に価値を見いだしているのでしょう。

それなら、あなたの責任範囲の中で、その価値を最大化すべく、少しずつでもマネジメントを変えていこうと努力をすればいいのではないでしょうか。

フィードバックは、いつか必ず届く「ギフト」

私のもとに相談に来るマネジャーは、自分のマネジメントのクオリティに課題を感じていて、それを向上させたいという切迫感をもっています。「自分には何が足りないのか」「目の前で起こる課題にどう対処したらよいのか」を、責任感をもって真剣に考えている。

成果責任を遂行することと、その過程でメンバーのエンゲージメントと能力を引き出し、中長期的な成長を実現すること、その両方をやらなくてはいけないと自覚しています。

そんな相談を受けたとき、私のテンションは大きく上がります。

とはいえ、最初から大きな理想を掲げるのは大変です。まずは、部下との1 on 1ミーティングなど、身近にできることから始めてみましょう。自分に成果を求めすぎずに、一歩踏み出してみることが大事です。

自分自身をふり返ってみるとわかると思いますが、「あれが自分の転機だったな」「あの言葉が自分を変えたな」という経験は、ほぼ誰かから受けたフィードバックではないでしょうか。

J&Jに勤務していた頃、当時の上司に人事戦略のことか何かを報告していたとき、私は「個体把握」という言葉を使いました。

人事の人がよく用いる言葉で、一人ひとりの強みと弱みを生かすという会話の流れの中で使ったところ、その上司が「安田さん、個体という言い方はないんじゃないの、人間のことを実験動物みたいに言って！　コマじゃないんだから」と、激しく怒り出したのです。

私はそんなつもりではなかったのですが、戸惑いながら「そうか、そういうふうに捉える人もいるんだな。確かに人はコマではないよな」と、自分のものの捉え方を反省しました。

が、後日そのことを告げたら、とうの本人は「そんなこと言ったっけ？」とケラケラ笑っていました。

大いに拍子抜けしましたが、上司のフィードバックというのは、それだけ意味があり、意義があるのです。

だから軽はずみなことを言うな、と言いたいのではありません。フィードバックには、自分が思う以上の効果があると伝えたいのです。

何気なく投げた、しかしちゃんと心に届いた。

フィードバックの言葉を、部下は忘れないのです。

だから恐れず、ぜひ実践をしてもらいたい。

毎日実践していれば、必ずその日は来ます。


ＬＵＳＨに勤務していた頃、創業者の一人である英国人上司と、毎月一回、イギリスと日本とでオンラインでミーティングをしていました。

決して得意ではない英語で、日本の状況を一生懸命報告していると、最後に「マサ、私もちょっと話していい？」と言います。どうぞ、と返すと、「マサ、フィードバックはギフトって知っているよね？」とニコッと笑う。ああ、これは何か言われるんだなとわかります。要するに、「今からネガティブなフィードバックをしますよ」という序章なわけです。

そして、「あのときあなたはこういうことをしたけれども、やっぱりああいうときは、みんなの同意を取り付けてからやらなきゃだめよ」というふうに、フィードバックをもらう。

フィードバックとは、相手のことを思って、相手の成長機会としておこなうこと。

フィードバックは、ギフトなのです。

マネジメントで得られる喜びとは

マネジメントに取り組むことでわかるのは、人は自分で変わろうとするし、変わる能力をもっているのだということです。

私自身は、これまで仕事を通して出会ってきた人のマネジメントを通して、確かに自分が変わってきたと思いますし、その時々で自分を変えてくれたフィードバックがあったことを感謝しています。

また、人が変わろうと前向きな努力をしていることに感激しますし、実際に変わっていく姿にも感動します。

そういう変化を与えることができた自分の影響力が嬉しいと言いたいのではありません。その人の中に、確かに変わろうとする姿勢があって、それが芽生えたことに心が動くのです。

全ての人には可能性がある。だから、変われない人はいない。

変化にチャレンジできない人はいないのです。

日本の経済が弱体化しているもっとも大きな原因は、正しくマネジメントをした結果、人が成長することでビジネスを動かしていこうということへの関心や気概がないことです。

人は教え育むことで能力を発揮します。それがこの先を照らす希望の灯りです。

もっと、目の前の人に関心をもってほしいと思います。

おわりに

私の人事のプロフェッショナルとしての原体験は、非常に苦しいものでした。

出向先の子会社を清算し、従業員全員を会社都合で解雇したことです。

社員の引取先の問題は、簡単には解決しませんでした。競合を訪ね、頭を下げて回りました。

「とにかく働き口を何でもいいから探そう」と、いろいろなところから求人のつてをもらい、自分で求人票を作って、残る社員一人ひとりと「こんな仕事がありますよ、どうですか」と、毎日面接していました。

そのとき、「自分は大丈夫なのだろうか」と思ったのです。

結局はみんな、会社に自分の運命を握られている。だから会社がなくなったら、自分の人生も転落してしまう。それは、行く先が決まっていない社員だけじゃない。俺自身も同じだ。自分自身、自分の人生を自分で選べる人間になりたい。

「人事のプロになって、会社に人生を握らせないビジネスパーソンになろう」

そう決めました。

日本の企業に対する問題意識が高まっていた私は、LUSHの人事部長時代、いろいろな組織に呼ばれて登壇や講演をおこなったり、さまざまな企業の人事の相談に乗ったりし始めました。

ずっと外資系企業で働いていて長いこと日本企業との接点がなかったのですが、ネットワークが広がって現実がわかってくると、「このままでいいのか」と疑問をもつようになってきました。

私は働いてきた中で悩みやいらつきも感じてきましたが、それでも自分が所属してきた組織は、「こうあるべきだ」というマネジメントをおこなっていたし、それをよしとする文化がありました。

しかし、事情を知るにつれて、そうではない企業が日本にたくさんあることがわかってきたのです。「自分が得てきたトップ企業の考え方やマネジメントの原理原則を広げて、日本の会社を変えなければいけないのではないか」。そう考えて、独立しました。

思いをさらに強くしたのは、２０２０年からの新型コロナウイルス感染症によるパンデミックです。

今までは元気だった人が急に亡くなっていったり、通勤客で満員の山手線がガラガラ状態で動いていたり、生活に潤いを与える商品が全く売れなくなったり。そんな社会を見て、なんとなく、「ああ、もしかしたら自分も死ぬかもしれないな」と、死が身近に迫ってきたように感じました。年齢も50歳を超えていました。「死ぬ前に好きなことをやろう」。本気でそう思ったのです。

他の仕事がどんなものか想像がつきませんが、私は人事という仕事ができて本当に良かったと思っています。

どんな組織でも、人事をしない会社はありません。たとえ人事部という組織がなくても、行為としての人事は、必ずどの組織にも存在します。

人事というパスをもっていれば、どんな業界でも仕事をすることができます。私自身をふり返っても、スーパーマーケットから始まって、ファッションの世界的中心地のイタリア企業のリテール、アメリカのヘルスケア、イギリスの製薬会社、コスメティックと、他ではできないキャリアの渡り方をして、多様な業種の人と接点をもつことができました。これはすごく良かったです。

私は、「会社に人生を握らせない、自分の人生は自分で決めるんだ」と思って仕事をしてきました。

法政大学の田中研之輔教授は、アメリカの心理学者が提唱した「プロティアン・キャリア」に着目した研究をおこなっています。プロティアンとは「変幻自在」という意味で、ギリシャ神話のプロテウスに由来する言葉です。

プロテウスは、状況に合わせて自分の姿をさまざまに変えることができます。同じように、社会の状況に合わせて変幻自在にキャリアを変えて自分らしさを追求し、心理的幸福感を得ていこうという考え方が「プロティアン・キャリア」です。

本来人は何歳からでもキャリアを変えていくことができるし、日本の組織人も、実はそうやって生きていくべきだと思います。

自分の働き方をデザインしていくことが大切なのです。

そしてフィードバックとは、人と人のコミュニケーションをよい方向に変える方法のひとつであるだけでなく、人と事業を同時に成長させるという「ピープルマネジメント」の本質です。企業に限らず、官公庁や教育機関、医療などに携わる方にも、この本を手にとっていただければ、これほどの喜びはありません。

著者略歴

安田雅彦（やすだ・まさひこ）

株式会社We Are The People代表取締役／株式会社フライヤー社外取締役／ソーシャル経済メディア「NewsPicks」プロピッカー

1967年生まれ。1989年に南山大学を卒業後、西友にて人事採用・教育訓練を担当。子会社出向の後に同社を退職し、2001年よりグッチグループジャパン（現ケリングジャパン）にて人事企画・能力開発・事業部担当人事など人事部門全般を経験。2008年からはジョンソン・エンド・ジョンソンにてSenior HR Business Partnerを務め、組織人事や人事制度改定・導入、Talent Managementのフレーム運用、M&Aなどをリードした。2013年にアストラゼネカへ転じた後に、2015年5月よりラッシュジャパンにてHead of People（人事統括責任者・人事部長）を務める。2021年7月末日をもって同社を退職し、以後は自ら起業した株式会社We Are The Peopleでの事業に専念。現在、約30社のHRアドバイザー（人事顧問）を務める。著書に『自分の価値のつくりかた』（フォレスト出版）がある。

世《せ》界《かい》標《ひょう》準《じゅん》のフィードバック
部《ぶ》下《か》の「本《ほん》気《き》」を引《ひ》き出《だ》す
外《がい》資《し》流《りゅう》マネジメントの教《きょう》科《か》書《しょ》

2025年2月28日　初版第1刷発行

著　　者　安《やす》田《だ》 雅彦《まさひこ》
発 行 者　出井貴完
発 行 所　SBクリエイティブ株式会社
　　　　　〒105-0001　東京都港区虎ノ門2-2-1
装　　丁　西垂水敦・岸恵里香・小島悠太郎（krran）
装丁イラスト　岸 潤一
本文デザイン　荒木香樹（コウキデザイン）
D　T　P　クニメディア株式会社
校　　正　株式会社ヴェリタ
編集協力　甲斐ゆかり（サード・アイ）
編集担当　長谷川 諒
印刷・製本　中央精版印刷株式会社

本書をお読みになったご意見・ご感想を
下記URL、または左記QRコードよりお寄せください。

https://isbn2.sbcr.jp/30928/

ISBN978-4-8156-3092-8